마스터코치의 코칭 레시피

김종명·최선영 지음

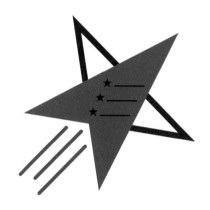

마스터코치의
코칭 레시피

—— 코칭 이렇게 하면 된다 ——

물처럼 유연하게
바람처럼 자유롭게

이 책은 15년 동안 코칭을 하면서 마스터코치가 되기까지의 경험을 녹여낸 책입니다. 코칭에 처음 입문하는 사람들에겐 코칭에 대한 안내 역할을 하고 싶었고, 이미 코칭 공부를 많이 한 사람들에겐 심화 학습의 기회를 제공하고자 했습니다.

이 책은 국민대학교 경영대학원 '리더십과 코칭 MBA' 학과에서 〈코칭의 구조와 프로세스〉라는 과목으로 강의했던 내용을 모티브로 했습니다.

이 과목은 코칭을 처음 접하는 사람들을 위해 첫 학기에 개설됩니다. 그런데 첫 학기 학생뿐만 아니라 2학기, 3학기 학생들도 수강신청을 했습니다. 코칭을 처음 접하는 사람과 이미 코치 자격증이 있는 사람들 사이에는 코칭에 대한 이해의 차이가 컸습니다. 학생들의 수

준 차이에 진폭이 컸습니다. 이런 상태에서 강의를 하는 건 도전이었습니다.

초심자와 이미 자격증을 가지고 있는 사람을 동시에 만족시켜야 하는 어려운 과제가 주어졌습니다. 첫 수업시간에 이 사실을 알게 된 후 고민했습니다. 고민 끝에 '코끼리(코칭 공부하는 사람끼리) 스터디'에서 함께 코칭 공부를 하고 있는 국제공인 프로페셔널코치(Professional Certified Coach: PCC)인 최선영 코치에게 함께 강의를 준비하고 그 내용을 책으로 만들자고 제안했습니다.

이 책은 그렇게 시작됐습니다. 책 출간에 대비하여 최선영 코치는 강의 내용을 녹음하고 녹취록을 만들었습니다. 한 주 강의가 끝날 때마다 우리는 토론을 통해 다음 강의 방향과 수준을 조정했습니다. 이 책은 한 학기 동안 강의했던 내용에 마스터코치로서 경험한 코칭 사례를 더한 것입니다. 한 학기 동안 강의에 함께 하며 내용을 정리해 준 최선영 코치가 없었다면 수업 현장의 생생한 목소리를 제대로 담기 어려웠을 겁니다. 최선영 코치에게 감사의 마음을 전합니다.

초심자와 이미 공부를 많이 한 사람들의 갭을 조정하기 위해 매 강의가 끝날 때마다 학생들의 의견을 지속적으로 제출 받았습니다. 〈성찰 노트〉라는 이름으로 이를 파악했는데 이게 신의 한 수였습니다. 〈성찰 노트〉를 통해 학생들이 알고 싶은 게 뭔지, 어느 정도 학습이 되고 있는지 파악할 수 있었으며, 학생들 간의 학습 수준의 차이도 파악할 수 있었습니다.

이 과정에서 큰 소득이 있었습니다. 처음 코칭을 공부하는 사람이든, 중간 수준의 사람이든, 마스터코치든, 코칭을 공부하는 모든 사람에게 필수적인 기본이 뭔지 알게 된 것입니다. 이 책 전반에 걸쳐 이런 기본에 충실하려고 노력했습니다.

첫 수업 시간에 파악한 기본적인 니즈는 주로 이런 것이었습니다.

- 첫 입문자를 위한 코칭 기초 이론을 알고 싶다.
- 고객에게 실질적인 도움이 되는 코칭 방법을 알고 싶다.
- 글로 배우는 코칭이 아닌 현장의 리얼한 코칭 사례를 알고 싶다.
- 좋은 코치가 되기 위해 코치로서 갖춰야 할 역량을 배우고 싶다.

이런 요구에 기초하여 이 책은 다음에 초점을 맞췄습니다.

- 처음 코칭을 접하는 사람도 쉽게 이해할 수 있고, 이 책을 읽고 나면 실제로 코칭을 할 수 있게 한다.
- 이미 코칭을 잘 알고 있고, 코칭을 하고 있는 사람에게도 도움이 될 수 있도록 현장 사례를 풍부하게 제공한다.
- 마스터코치가 되기까지 겪었던 시행착오를 소개함으로써 이 책을 읽는 사람들이 불필요한 시행착오를 되풀이하지 않도록 한다.
- 코치가 자주 범하는 실수를 살펴보고, 어떻게 코칭에 임해야 하는지, 코치의 마음가짐에 대해 살펴본다.

- 코칭 전반에 대해 깊이 있는 내용을 쉽고 재미있게 쓴다.

'제1장 고객은 언제나 옳다', '제2장 고객이 빛나게 하라'에서는 코치들이 흔히 범하는 실수에 대해 다뤘습니다. 코치들은 코칭을 잘하고 싶어 합니다. 그런데 그게 너무 지나치면 오히려 독이 될 때가 있습니다. 무엇이 코칭을 망치게 하는지, 코칭을 망치지 않으려면 어떻게 해야 하는지에 대해 살펴봤습니다.

'제3장 대화에도 공식이 있다'에서는 기존의 코칭 대화모델이 아닌 저의 경험에서 체득한 대화모델을 소개했습니다. 처음 코칭을 공부하는 사람은 대화모델이 딱딱하고 인위적이라서 활용하기 쉽지 않다고 느낍니다. 저도 그랬습니다. 대화모델을 공부하면서 고생했던 경험을 떠올리면서 초심자의 어려움을 해소해 주려고 노력했습니다.

'제4장 적극적으로 경청하기'에서는 경청이 어려운 본질적인 이유를 설명하고 어떻게 하면 경청을 잘할 수 있는지에 대해 다뤘습니다. 경청은 코칭에서 뿐만 아니라 일상생활에서도 잘해야 하므로 경청과 관련하여 필수적으로 알아야 하는 내용들을 담았습니다.

'제5장 의식 일깨우기'에서는 질문을 통해 고객의 의식을 일깨우고 확장하는 방법을 소개했습니다. 질문이 가진 힘을 느껴보고 질문을 잘하는 방법을 체득할 수 있도록 했습니다. 제4장과 제5장은 순서대로 읽지 않아도 됩니다. 따로 떼어서 이 부분만 읽어도 경청과 질문에 대한 통찰을 얻을 수 있을 것으로 생각됩니다.

'제6장 마스터코치의 코칭 레시피'에서는 제가 사용하고 있는 코칭의 프로세스를 소개했습니다. 일종의 저의 코칭 레시피입니다. 마스터코치가 되기까지 15년 동안 코칭을 하면서 좌충우돌하기도 했고 실패를 거듭하기도 했습니다. 그 과정을 통해 다듬어진 저의 노하우입니다. 여기 소개된 것들을 그대로 따라 하면 코칭을 잘할 수 있을 것으로 생각됩니다.

'제7장 실전 코칭 사례'는 최근 저의 코칭 내용을 녹음하고 정리한 것입니다. 코칭 모델과 경청, 질문, 프로세스 등 코칭의 전체 내용을 이 사례를 통해 통합하고자 했습니다.

코칭은 응용 학문입니다. 순수이론을 공부하는 학문이 아닙니다. 실제로 비즈니스 현장에서 코칭을 잘하는 게 공부의 목적입니다. 그런데 이론을 공부하는 이유가 코칭을 잘하기 위한 거라는 걸 잊고, 이론을 위한 이론에서 벗어나지 못하고 있는 안타까운 현실을 자주 목격합니다.

코칭 책을 여러 권 읽었고 코칭 교육도 많이 받은 후배가 있습니다. 이 후배는 아직도 코칭을 하지 않고 있습니다. 좀 더 이론을 완벽하게 공부한 후에 코칭을 하겠다고 합니다.

제 아내는 운전면허를 취득한 지 30년이 넘었습니다. 30년 넘게 무사고입니다. 녹색 면허입니다. 물론 벌점은 제로입니다. 아내의 운전면허증은 30년 넘게 장롱에 고이 모셔져 있습니다.

제 아들은 운전면허를 취득한 다음 날 바로 제 차를 몰고 나갔습니다. 여러 번의 접촉 사고를 냈습니다. 지금은 저보다 훨씬 더 운전을 잘합니다.

코칭은 이론으로만 공부하고 실제로 코칭을 하지 않으면 의미가 없습니다. 이 책을 보면서 실제 코칭에 적용해 보기를 권합니다.

처음엔 어색할 것입니다. 무언가 틀에 갇히는 듯한 어색함과 불편함을 느끼게 될 것입니다. 자연스러운 현상입니다. 일상적으로 사용하지 않던 근육을 사용하기 시작할 때 나타나는 불편함과 같습니다. 때론 통증을 느낄 수도 있습니다. 그 통증과 불편함은 곧 공부를 잘하고 있다는 방증입니다. 기본에 충실하면 충실할수록 더 불편할 수도 있습니다. 공부가 깊어질수록 통증과 불편함이 더 커질 것입니다. 그렇게 시간이 쌓여가고 공부가 깊어지면서 그 불편함이 극대화되는 순간이 올 것입니다.

그 순간 공부가 농익어 툭 터지면서 코칭과 자신이 하나가 되는 물아일체를 경험하게 됩니다. 내가 곧 코칭이고 코칭이 곧 내가 됩니다. 어색함과 불편함이 일상의 습관이 된 겁니다. 시간과 노력이 쌓이면 반드시 이런 순간이 올 것입니다.

네모 그릇에 담기면 네모가 되고 둥근 그릇에 담기면 둥근 모양이 되는 유연한 물처럼, 유연하게 코칭할 수 있게 됩니다. 어떤 고객을 만나든 구애 받지 않고 유연해집니다. 그리고 그물에 걸리지 않는 자유로운 바람처럼, 어떤 코칭 주제를 만나도 주제에 얽매이지 않고 자유로워질 것입니다. 이 책의 안내를 따라 물처럼 유연하게 바람처럼 자유롭게 코칭하는 그 순간을 맞이하기 바랍니다.

이 책을 통해 코칭을 처음 접하는 사람들이 코칭에 대한 두려움 없이 공부를 시작할 수 있도록 안내하는 역할을 하고자 했습니다. 그리고 이미 코칭을 하고 있는 코치들에겐 자신의 코칭을 돌이켜보고, 보다 더 쉽고 편안하게 코칭할 수 있는 방법을 제공하고자 했습니다.

15년간 코칭을 하면서 마스터코치가 되기까지 좌충우돌하면서 겪은 제 경험이 이 책을 읽는 사람들에게 도움이 되길 기대합니다.

김종명

코치가 빛나려 하지 말고
고객이 빛나게 하라

'코끼리 스터디'에서 코칭을 함께 공부하고 있는 김종명 코치로부터 함께 책을 쓰자는 제안을 받았습니다. 마침 PCC 자격을 취득하면서 경험한 걸 나누고 싶은 마음이 있었고, 심화 학습한 내용을 정리해보고 싶은 마음이 있던 터라 조심스럽게 제안을 받아들였습니다.

책의 내용은 대학원 강의 과목인 '코칭의 구조와 프로세스'였습니다. 강의실에서 학생들의 배움에 대한 열정을 마주하고 난 후에는 더욱 열심히 하자는 생각이 들었습니다. 강의실의 열기는 뜨거웠습니다. 학생들은 교수가 하는 말을 한 마디도 놓치지 않으려고 했습니다. 찰나의 유머도 공부로 받아들였습니다. 지금도 강의실의 뜨거운 열기를 잊을 수 없습니다. 저도 덩달아 학생이 된 듯 열심히 공부했습니다.

강의는 교수의 설명과 학생들의 질의응답으로 이뤄졌습니다. 기초적인 이론에 대한 질문이 있는가 하면 실전에서 겪는 시행착오에 대한 것까지 학생들의 질문은 다양했습니다. 이론과 경험을 겸비한 교수의 시원하고 통찰 있는 답변에 강의실은 항상 열기가 넘쳤습니다. 강의 내용은 학생들에게 지지와 자극을 동시에 주곤 했습니다. 눈시울을 젖게 하는 감동의 순간도 있었습니다.

매 강의마다 강의 내용에 대해 김종명 코치와 함께 고민하며 이야기를 나눴습니다. 학생들의 반응과 이해 수준에 따라 세부 내용들을 바꾸고 조정했습니다. 이 과정에서 학생들보다 제가 더 많이 배운 거 같습니다.

한 학기 강의가 끝났습니다. 강의 현장의 생생한 모습을 책으로 옮겨야 하는 과제가 남았는데 생각보다 쉽지 않은 작업이었습니다. 밀도 높은 강의 내용을 텍스트로 전환하는 것도 어려운 작업이었고 이를 책의 형태로 바꾸어야 하는 것도 난관이었습니다. 강의 현장의 생생함이 최대한 책에 살아 숨쉬게 하는 게 저의 목표였습니다. 깊이 있는 강의 내용을 쉽고 재미있게 전하고 싶었습니다. 이 책은 그 노력을 담고 있습니다.

저는 코칭을 1000시간 이상 하고 대학원 수업을 한 학기 동안 준비하면서 질문의 방향에 대한 깨달음을 얻었습니다. 그동안 '어떻게 하면 코칭을 잘할 수 있을지'에 집중했습니다. 그런데 그 질문의 방향이 저를 향하고 있다는 걸 알게 됐습니다. 고객의 성공보다 내가 코칭을 잘하는 데 더 집중한 겁니다. 물론 잘못된 건 아니지만 방향이 달랐더라면 하는 아쉬움이 남습니다.

'어떻게 하면 고객의 성공을 도울 수 있을까? 어떻게 하면 고객에게 도움이 되는 코치가 될 수 있을까?' 하는 방향으로 노력을 집중한다면 더 좋은 결과를 낼 수 있다는 걸 이 책을 쓰면서 알게 됐습니다. 강의 시간에 수없이 강조했던 '코치가 빛나려 하지 말고 고객이 빛나게 하라'는 메시지의 진정한 의미를 깨달았습니다.

코치의 성공을 위한 방향이 아니라 고객의 성공을 위한 방향으로 의식을 집중하고 나서부터 코칭 성과가 더 좋아졌습니다. 역시 방향이 중요했습니다. 질문하는 방향으로 에너지가 흐른다는 걸 확인했습니다. 김종명 코치에게 어떻게 하면 코칭을 잘할 수 있는지 물으면 대답은 한결 같습니다.

"코치가 왜 코칭을 잘해야 합니까? 고객이 성공해야지요."

MCC인 김종명 코치의 교수로서의 모습과 동시에 코치로서의 모습을 한 학기 동안 옆에서 볼 수 있었던 건 행운이었습니다. 한 학기 강의를 통해 철저한 준비와 겸손한 마음이 코치와 고객을 동시에 성공하게 해준다는 걸 알게 됐습니다.

이 책을 쓰는 과정을 통해 저의 코칭에 대해 깊이 성찰했습니다. 과거의 제 코칭에 대한 아쉬움이 남습니다. 비록 책을 쓰는 과정은 힘들었지만 이 작업을 함께 하게 된 건 축복이었습니다. 선배이자 스승이신 김종명 코치께 존경과 감사를 드립니다. 강의 현장에서 만난 국민대 대학원 학생들에게도 깊은 감사를 드립니다. 강의 시간에 보여 주신 뜨거운 열정이 멋진 코칭으로 나타나기를 기대합니다.

최선영

차례

제1장 ——————————————— 고객은 언제나 옳다

제2장 ——————————————— 고객이 빛나게 한다

제3장 ──────── 대화에도 공식이 있다

제4장 ──────── 적극적으로 경청하기

제5장 ──────── 의식 일깨우기

제6장 ──────────────── 마스터코치의 코칭레시피

제7장 ──────────────── 실전 코칭 사례

어른이 바뀔까요?

친구가 물었습니다.

"너, 마스터코치 됐다면서?"

"응, 그래."

"마스터코치가 뭔데?"

"코칭 좀 열심히 했다는 거지."

"얼마나 열심히 하면 되는 건데?"

"2500시간 이상 코칭을 해야 시험에 응시할 자격이 주어지고, 필기와 실기를 모두 합격해야 마스터코치가 되는 거지."

"2500시간이나 코칭해야 된다고?"

"그런데 나는 3500시간 넘게 했어."

"3500시간이면 도대체 코칭을 몇 번 했다는 거야?"

"한 번에 보통 1시간 정도 하는데 그룹으로 하면 2시간도 하니까 3000번 정도 했겠지?"

"3000번이나 했다고? 천 번의 코칭을 세 번이나 했구나! 와~대단하다."

친구가 또 물었습니다.

"그런데 코칭이 뭔데? 뭘 가르쳐주는 건데?"

"뭘 가르쳐주는 건 아니고. 코칭은 그 사람이 원하는 게 뭔지를 먼저 파악하고…."

"잠깐! 됐고~ 그냥 한 문장으로 말해봐~"

"한 문장이라~ 난감하네…."

"야, 마스터코치라더니 별거 아니네. 한 문장으로 말하지 못하면 제대로 모른다는 거잖아~~"

고민됐습니다.

'코칭을 한 문장으로 말하라?'

코칭을 조금 길게 말하면 "코칭은 고객이 해결하고 싶은 게 뭔지, 얻고 싶은 게 뭔지, 더 잘하고 싶은 게 뭔지, 개선하고 싶은 게 뭔지 등을 알아내고, 그걸 달성하는 방법을 찾아내고, 성취할 수 있도록 돕는 것"입니다.

제가 말했습니다.

"코칭은 원하는 걸 찾아내고 성취하게 해 주는 기술이지."

"뭐라고? 원하는 걸 성취하게 해 준다고? 코칭이 뭐 요술방망이라도 되나?"

귀가 번쩍 뜨였습니다.

'그래, 코칭은 요술방망이지. 내가 3천 번의 코칭을 하면서 그걸 느꼈지.'

"너 정말 멋진 말을 했다. 맞어~ 내가 코칭을 하면서 느낀 건데, 코칭은 요술방망이가 맞아. 그래, 요술방망이….."

지금까지 했던 코칭을 돌이켜보면 자기가 원해서 코칭을 받는 사람도 있고 조직의 요구에 의해 코칭을 받는 사람도 있습니다. 제 경우엔 자기가 원해서 받는 것보다 조직의 요구에 의해 코칭 받는 사례가 더 많았습니다. 조직에서는 주로 다음과 같은 경우에 코칭을 받게 합니다.

- 승진했을 때 다음 단계의 역할과 책임을 잘할 수 있게 하기 위해
- 보직 이동을 했을 때 해당 보직에 빨리 적응하게 하기 위해
- 조직의 리더로서 팀워크를 개선해야 할 필요가 있을 때
- 보다 효과적인 소통이 필요할 때
- 전반적인 리더십의 개선이 필요할 때
- 새로운 프로젝트를 시작할 때
- 다음 단계의 리더로 육성하기 위해

자신이 원해서 하는 게 아니라 조직의 요구에 의해 코칭을 받는 경우엔 코칭을 거부하는 사람도 있습니다. 주로 세 종류의 유형입니다.

첫째, 저항하는 유형입니다. '지금까지 혼자서도 잘해 왔는데 코칭은 무슨 코칭이야! 코치가 뭘 안다고?'

둘째, 순응하는 유형입니다. '내키지는 않지만 한번 받아보지 뭐. 회사에서 시키는 데 어쩌겠어?'

셋째, 적극적인 유형입니다. '그래, 열심히 해보자. 그렇지 않아도 고민되는 게 많았는데 이번 코칭이 나에게 좋은 기회가 될 수도 있어~'

각 유형마다 약간의 차이가 있지만 어떤 경우에도 고객이 마음을 열지 않으면 제대로 된 코칭이 진행되기 어렵습니다. 코칭이 성공하려면 첫 세션에서 고객으로 하여금 코칭에 대한 기대를 가지게 하는 게 중요합니다.

'코칭을 받으면 뭔가 좋아질 것 같은데…'

'그렇지 않아도 해결하고 싶은 게 있었는데 이번 기회에 한번 해결해 볼까?'

'코치가 진실하고 내 편이 돼 줄 것 같은 느낌이 드는데….'

'이 사람에겐 뭔가 마음을 열어놓고 이야기해도 괜찮을 거 같은데….'

비록 자신이 원해서 받는 코칭이 아닐지라도 코칭이 자신에게 이익이 된다고 생각하면 고객은 마음을 열기 시작합니다.

고객이 어떻게 행동하더라도 고객의 행동엔 그럴 만한 이유가 있습니다. 하지만 첫 세션에서 코치는 그 이유를 알지 못합니다. 첫 세

선에서 성급하게 이유를 알려고 하면 자칫 반감을 불러올 수 있습니다. 또 첫 세션에서 코칭의 정의를 설명하고, 코칭의 프로세스, 코칭의 효과 등을 설명하면서 코칭에 열심히 임하는 게 좋다는 식으로 설득해서는 안 됩니다.

고객은 그에 대해 별로 관심이 없습니다. 단지 코치의 관심에 불과합니다. 첫 번째 세션에서는 설명하거나 설득하지 않아야 합니다. 단지 고객이 스스로 코칭에 대한 기대를 가질 수 있도록 해야 합니다. 그래서 첫 세션에서 코치가 제일 먼저 해야 할 일은 코칭에 대한 기대감과 친밀감을 조성하는 것입니다.

먼저, 코칭에 대해 어떻게 안내 받았는지 묻습니다. 이때 고객의 대답을 들으면 코칭에 임하는 자세를 어느 정도 알 수 있습니다.

"고객님, 코칭에 대해 어떻게 안내 받으셨습니까?"

주로 세 가지 대답이 나옵니다.

- HR에서 코칭을 시작하게 됐으니까 코칭을 잘 받으라는 메일을 받은 거 외에는 별도로 안내 받은 게 없습니다.
- 어른이 교육 받는다고 해서 과연 바뀔까요? 별 기대하지 않습니다. 하라고 하니까 어쩔 수 없이 하는 거지요.
- 그렇지 않아도 혼자 해결하기 어려운 점들이 많이 있는데 코칭을 통해 해결해 보고 싶습니다. 기대가 됩니다. 잘 부탁드립니다.

어떤 대답이 나오든 당황하지 말기 바랍니다. 단지 코치가 기억해야 할 건 고객이 코치에게 어떤 감정이 있어서 그렇게 반응하는 게 아니라는 겁니다. 고객과 코치는 이날 처음 만났기 때문에 아직까지 아무런 감정이 없습니다. 코치에게 좋은 감정이 있다거나 기분 나쁜 감정이 있다거나 하는 상태가 아닙니다. 그냥 자신의 상황에 의해 그렇게 반응하는 것일 뿐입니다. 코치는 평정심을 가지고 고객의 반응에 흔들리지 않아야 합니다. 다음과 같이 반응하는 게 좋습니다.

- 그렇게 안내 받으셨군요.
- 어른은 교육을 통해 잘 바뀌지 않는다고 생각하시는군요.
- 코칭을 통해 해결하고 싶은 게 있다는 말씀이군요.

고객은 어떤 경우에도 아직 코치에게 반감을 가지고 있지 않습니다. 고객의 반응에 흔들리지 말고 평정심을 유지하기 바랍니다. 이제 친밀감을 조성하는 방법에 대해 살펴보겠습니다.

마스터코치의 코칭 레시피

지금 마음이 어떠세요?

첫 인사가 끝나고 나면 고객의 마음을 묻습니다.

"지금 마음이 어떠세요?"

고객들은 주로 이렇게 반응합니다.

- 마음이라고 할 게 뭐 있나요? 그냥 하는 거지요.
- 약간 긴장됩니다.
- 조금 짜증이 납니다.
- 기대가 됩니다.

이때도 고객의 말에 끌려 다니지 않는 게 중요합니다. 고객의 지금 마음은 코치에 대한 마음이 아니라 자신이 처한 상황이 복합적으로 드러난 것입니다. 절대로 코치를 향한 마음이 아닙니다. 절대로! 고객의 말에 일희일비해서는 안 됩니다.

이 질문을 하는 이유는 고객을 분석하기 위한 게 아닙니다. 친밀감을 조성하기 위해서입니다. 이 질문에 고객은 자세하게 대답하거나 단답형으로 대답하거나 아니면 대답하지 않기도 합니다. 어떤 경우에도 고객을 평가하거나 판단해서는 안 됩니다.

- 어이쿠! 이 사람 부정적이네. 이번 코칭 어렵겠는데….
- 와~ 이 사람은 긍정적이네. 이번 코칭 잘 되겠는데….
- 아, 이 사람 깐깐하네. 앞으로 힘들겠네….

이런 게 바로 코치의 판단입니다. 돌이켜 보면 이런 판단이 미리 들었던 코칭은 어렵게 진행됐던 거 같습니다. 그러나 코치도 사람인지라 이런 판단이 드는 건 자연스러운 현상입니다. 그런데 이런 판단이 드는 상태를 계속 방치하면 코칭은 망가집니다. 이때 판단을 멈추게 하는 좋은 방법이 있습니다. '입으로 듣는 경청'입니다.

입으로 듣는 경청은 맞장구를 치는 것과는 다릅니다. 입으로 듣는 경청은 고객의 말에 대해 중요한 내용을 간결하게 요약해서 '이렇다는 말씀이군요. 이렇다는 거군요' 하면서 고객에게 되돌려 주는 것입니다. 제4장 '적극적으로 경청하기'에서 입으로 듣는 경청에 대해 자세하게 다루도록 하겠습니다.

고객의 말을 요약해서 되돌려 주는 '입으로 듣는 경청'을 하려면 고객의 말에 집중해야 합니다. 고객의 말에 집중하는 순간 내 판단은 저절로 멈추게 됩니다. 인간은 여러 가지 생각을 동시에 할 수 없다고 합니다. 한순간에 한 가지 밖에 생각하지 못한다고 합니다. 한꺼번에 여러 생각이 동시에 일어나는 게 아니라 순차적으로 하나씩 일어납니다. 이처럼 생각이 순차적으로 하나씩 일어나는 것을 '차제연(次第緣)'이라고 합니다. 인간의 생각은 '차제연'하기 때문에 한 곳에 생각을 집중하면 그 순간에는 다른 생각이 끼어들지 못합니다. 그러므로 입으로 듣는 경청에 집중하면 그 순간에는 다른 판단이 끼어들 여지가 없게 됩니다. 이게 바로 입으로 듣는 경청을 하는 순간 판단이 중지되는 이유입니다.

입으로 듣기를 하면 고객은 마음을 열게 됩니다. 코치가 자기를 존중해 주고 있다고 느끼고 자기 말을 잘 듣고 있다고 생각합니다. 첫 세션을 마치면서 오늘 코칭을 통해 무엇을 느꼈는지 물으면 주로 이렇게 대답합니다.

- 코치에게 존중 받는다는 느낌이 들었습니다. 코치가 저를 믿어 주고 지지해 주고 있다는 생각이 들었습니다.
- 오늘 정신과 클리닉을 받은 느낌입니다. 마음이 아주 편해졌습니다.
- 저의 지지자를 만난 것 같습니다. 코치에게 마음속에 있는 이야기를 다 해도 괜찮겠다는 생각이 들었습니다.
- 앞으로 코칭이 기대됩니다. 코치님과 이야기하니까 저도 미처

생각하지 않았던 이야기를 하는 게 너무 신기했습니다.

이런 반응은 모두 입으로 듣는 경청의 효과입니다. '입으로 듣는 경청'은 첫 세션에서 제가 제일 중요하게 여기는 코칭 핵심역량입니다.

친밀감 형성에서 또 한 가지 중요한 요소는 비밀 유지에 대해 말해주는 겁니다. 대체로 다음과 같이 이야기가 진행됩니다.

코치: 고객님과의 코칭을 통해 알게 된 어떤 이야기도 비밀이 지켜질 겁니다. 코치들이 지키는 코칭 윤리입니다.

고객: HR에 코칭 보고서를 제출하는 걸로 알고 있는데 비밀이 지켜지는 건가요?

코치: 그렇습니다. 어떤 개인적인 이야기도 보고서에 기록하지 않습니다. 다만 코칭을 했다는 건 알려줘야 비용지불 등 행정적 절차가 진행되기 때문에 코칭을 한 일시와 장소, 코칭 주제, 코칭을 통해 다룬 내용 등 공개되어도 문제없는 최소한의 내용만 기록합니다. 예를 들어, 이번 코칭의 주제는 '어떻게 하면 소통을 잘할 수 있는가?'이고, 코칭 내용은 '소통을 잘하려면 상대의 말을 잘 듣고 상대의 좋은 의도가 무엇인지 알아차려야 한다'는 등 일반적인 내용만 기록합니다. 개인적인 내용은 기록하지 않습니다. 이렇게 작성하는 것도 혹시 불편하게 여겨지신다면 〈코칭 일지〉는 고객님이 작성하셔도 좋고, 제가 작성할 경우엔 고객님께도 일지를 함께

보내도록 하겠습니다.

고객: 네. 그런 정도라면 좋습니다. 그럼, 일지를 제가 작성해서 코치님께 보내도록 하겠습니다. 일지의 예시를 몇 개만 알려 주시면 감사하겠습니다. (또는 일지는 코치님이 작성하시고 저에게도 공유해 주시면 감사하겠습니다.)

비즈니스 코칭에서 제일 많은 케이스가 승진하고 난 후에 곧바로 받는 코칭입니다. 승진했을 때 새로운 자리에 빨리 적응하게 하기 위해 기업들은 코칭을 의뢰합니다. 이 경우는 고객이 기분 좋은 상황이기 때문에 비교적 쉽게 친밀감을 형성할 수 있습니다.

- 고객님은 어떤 점을 인정받아서 승진했습니까?
- 고객님은 어떤 강점이 있어서 이 자리까지 오게 됐습니까?
- 본인이 생각하는 자신의 강점은 무엇입니까?
- 이 자리에 오기까지 어떤 성과를 냈습니까?

고객의 업적, 성과, 강점 등을 묻습니다. 이런 질문들을 하면 고객들은 겸연쩍어 하면서도 이야기를 하기 시작합니다. 이때도 입으로 듣는 경청을 하면 코칭에 대한 고객의 기대가 높아지고 친밀한 관계가 형성됩니다.

고객은 언제나 옳다

비밀 유지에 대한 설명이 끝나고 나면 묻습니다.

"이번 코칭을 통해 해결하고 싶은 것이나 얻고 싶은 건 무엇입니까?"

첫 세션에서 이 질문을 하는 이유는 전체 세션을 통해 다룰 코칭의 목표를 파악하기 위해서입니다. 고객이 이 질문에 대해 곧바로 명쾌하게 대답하는 경우는 거의 없습니다. 고객은 여러 가지 사안에 대해 복잡한 상태입니다. 구체적으로 자신이 무엇을 원하는지 잘 알지 못하는 경우도 있습니다. 그럼에도 이 질문을 하는 이유는 고객이 현재 상태에 대해 스스로 어떤 자각을 하고 있는지 알 수 있기 때문입니다.

이때 중요한 건 고객이 어떤 욕구를 가지고 있는지, 어떤 어려움이 있는지가 구체적으로 정리되는 게 아니라 고객이 마음 편안하게 코칭에 임할 수 있도록 하는 게 목적입니다. 고객이 어떤 말을 하든 '고객은 언제나 옳다'는 코칭 철학에 기반하여 듣는 것이 중요합니다.

고객은 언제나 옳다는 말이 선뜻 와닿지 않을지도 모르겠습니다. 이 말의 의미를 올바르게 이해하지 못하는 사람들이 있습니다. 이 말은 고객이 범죄를 저질렀을 때도 옳다는 말이 아닙니다. 고객이 옳다는 말은 도덕이나 윤리에 관한 게 아니라 고객 자신의 가치관, 상황 등에 대한 고객의 인식이 옳다는 걸 말합니다. 다음의 대화를 통해 살펴보겠습니다.

동료 A: 요즘 너무 힘들고 짜증이 나요.
동료 B: 너무 힘들어 하지 마세요.

동료 A: 요즘 같은 상황이 너무 슬퍼요.
동료 B: 너무 슬퍼하지 마세요.

동료 A: 저 사람 왜 저래? 정말 말이 안 통하네.
동료 B: 저 사람 원래 그렇잖아요. 당신이 참으세요.

두 사람의 대화를 들으면 어떤 생각이 드나요?
동료 B의 대응은 동료 A가 틀렸다고 지적하는 것과 같습니다. 또 다른 예를 들어 보겠습니다.

코치: 오늘 어떤 이야기를 해볼까요?

고객: 제가 요즘 처해 있는 상황이 너무 답답하고 힘들어서 뭘 어떻게 해야 할지 모르겠습니다.

코치: 제가 보기엔 고객님은 다른 사람들에 비해 별로 힘들지 않은 거 같은데요. 오히려 상황이 좋아 보이는데요. 너무 답답하게 생각하지 마시고 힘내세요.

이렇게 말하는 건 고객에게 '당신 생각이 틀렸다'고 말하는 것과 같습니다. 고객은 언제나 옳다는 말은 고객이 처한 상황에 대한 고객의 감정이나 인식이 옳다는 겁니다. 고객을 위로하기 위해 '너무 슬퍼하지 마세요'라고 말하는 것일 테지만, 고객이 지금 슬프다고 하는데 너무 슬퍼하지 말라고 말하는 건 생뚱맞습니다. 고객이 화가 난다고 하는데 참으라고 하는 건 더 심각합니다.

- 그러시군요. 지금 많이 슬퍼하시는군요. 조금 자세하게 말해 주실래요?
- 지금 화가 많이 나시는군요. 조금 자세하게 말해 줄래요?

이런 식으로 말하는 게 고객의 인식과 감정을 존중하는 것이며, 고객은 언제나 옳다는 말의 의미입니다. 예시를 보겠습니다.

코치: 오늘 어떤 이야기를 해볼까요?

고객: 나이는 많은데 직급은 낮고 일에 대한 열정도 없는 직원을 어떻게 해야 할지 잘 모르겠습니다. 어떻게 하는 게 좋을까요?

코치: 조금 자세하게 말해 줄래요?

고객: 그 직원을 다른 부서로 보내려고 하는데 마음이 편하지 않네요. 여기서도 적응하지 못했는데 다른 부서에서 잘 적응할 수 있을지 염려되기도 하고 내친다는 느낌이 들기도 하고… 마음이 복잡합니다.

코치: 고객님, 별다른 노력도 해보지 않고 그냥 다른 부서로 보내도 괜찮을까요? 혹시 고객님에게 나쁜 이미지가 생기지 않을까요? 뭐라도 해보고 나서 그때 가서 결정하는 게 고객님에게 더 안전하지 않을까요?

고객: 그동안 웬만큼 해봤는데 이 경우엔 도저히 방법이 없네요.

코치: 그렇군요. 그래도 조금 더 노력을 해보는 게 안전할 거 같은데… 조금 더 여유를 가지고 나중에 결정하는 게 어떨까요?

이건 고객에게 틀렸다고 지적하는 것과 같습니다. 설득에는 내가 옳고 당신은 틀렸다는 무의식적인 전제가 깔려 있습니다. 설득 당하는 고객은 자신이 비난 받고 있다고 느낄 수 있습니다. 고객을 설득하지 않고 고객의 복잡한 마음과 망설임을 있는 그대로 존중해 주는 것이 '고객은 언제나 옳다'는 말의 진정한 의미입니다.

위의 대화를 바꿔보겠습니다.

코치: 오늘 어떤 이야기를 해볼까요?

고객: 나이는 많은데 직급은 낮고 일에 대한 열정도 없는 직원을 어떻게 해야 할지 잘 모르겠습니다. 어떻게 하는 게 좋을까요?

코치: 조금 자세하게 말해 줄래요?

고객: 그 직원을 다른 부서로 보내려고 하는데 마음이 편하지 않네요. 여기서도 잘 적응하지 못했는데 다른 부서에서 잘 적응할 수 있을지 염려되기도 하고 내친다는 느낌이 들기도 하고 마음이 복잡합니다.

코치: 그 직원을 다른 부서로 보내려고 생각하니까 마음이 편하지 않으시군요. 잘 적응할 수 있을지 염려되기도 하고요.

고객: 네. 별다른 노력도 해보지 않고 그냥 다른 부서로 보내는 건 문제가 있을 거 같습니다. 코치님과 대화를 나누다 보니 뭐라도 해보고 나서 그때 가서 결정해야겠다는 생각이 듭니다.

코치: 뭔가 노력을 해보고 난 후에 결정하고 싶다는 말이군요.

고객: 네. 아무래도 그래야 될 거 같네요.

고객을 설득하거나 고객과 논쟁하지 않고 고객의 말을 존중하고 인정하는 게 고객은 언제나 옳다는 말의 진정한 의미입니다. 더 쉽게 말하면 고객의 문제에 대해 조언하거나 설득하지 말라는 뜻입니다.

코치의 생각은 코치의 경험과 가치관, 신념 등이 반영된 것입니다.

고객의 가치관과 신념, 상황 등에 비춰볼 때 고객에겐 코치의 생각이 맞지 않을 가능성이 높습니다. 고객이 설명하지 않은 복잡한 상황이 있을 수도 있습니다. 고객이 드러내지 않은 정보에 대한 이해 없이 논쟁하거나 설득하는 건 위험한 일입니다. '고객은 언제나 옳다'는 말은 고객의 생각, 감정, 마음을 있는 그대로 존중하라는 뜻입니다.

코칭할 때 '어, 이건 아닌데…', '저렇게 하면 안 될 텐데…', '너무 쉽게 생각하는 것 아닌가?…', '이 사람 부정적이네…', '엉뚱한 말만 자꾸 하네…' 이런 생각들이 들 때 기억하기 바랍니다. '고객은 언제나 옳다!'

정리해 보면, 첫 세션을 시작할 때 다뤄야 할 내용은 다음과 같습니다.

- 코칭을 어떻게 안내 받았습니까?
- 코칭에서 다룬 내용은 비밀이 유지됩니다.
- 지금 마음이 어떠세요?
- 코칭을 통해 얻고 싶은 건 무엇입니까?

이때 필수적으로 '입으로 듣는 경청'을 해야 합니다. 입으로 듣는 경청이 코칭의 성공을 결정합니다.

진짜 아무 말이나 하면 됩니까?

2005년 5월 국제코치연맹 홈페이지(http://coachfederation.org)에 다음과 같은 '코치의 의무'라는 내용이 실렸습니다.

국제코치연맹은 고객을 그들 삶과 일에서의 전문가로 존중하고, 모든 고객이 창의적이고 잠재력이 풍부하며 전인적이라 믿는다. 이런 믿음에 따라 코치의 의무는 다음과 같다.

- 고객이 성취하고자 하는 걸 찾아내고, 명확하게 하고, 정렬시키는 것
- 고객이 자신을 발견하도록 격려하는 것
- 고객이 해결책과 전략을 찾도록 이끌어내는 것

- 고객으로 하여금 책임지고 해내도록 하는 것

국제코치연맹(International Coach Federation : ICF)에 따르면 코치의 의무는 고객이 자신을 발견하도록 격려하고(Discover), 목표 달성을 위한 전략을 수립할 수 있도록 지원하며(Strategy), 이를 실행하고 성취할 수 있도록 돕는 것(Action & Achieve)입니다. 이를 〔그림 1〕과 같이 표현할 수 있습니다.

그림 1 · 코치의 의무 DSA

코치의 의무 DSA에 대해 살펴보겠습니다.

첫째, Discover입니다. 고객이 자신을 발견하도록 격려하는 것입니다.

발견을 격려한다는 말이 조금 어색하게 들릴 수도 있겠습니다. 이 말은 '고객은 스스로 답을 가지고 있다'는 코칭 철학에 기초한 표현입니다. 코치가 말해 주는 게 아니라 고객이 이미 자신의 내면에 가지고 있는 것을 발견한다는 의미입니다. 외부로부터 주어지는 게 아니라 고객의 내면에 이미 있는 걸 발견하는 것이고 그 과정에서 코치가 푸시하는 게 아니라 격려하는 것입니다. 그래서 '발견을 격려한다'고 말합니다. 코칭을 mining(채굴, 채광, 캐낸다)이라고 표현하는 사람도 있습니다. 고객의 내면에 있는 보석을 캐낸다는 뜻입니다.

둘째, Strategy입니다. 목표를 달성할 수 있는 전략을 수립할 수 있도록 지원하는 것입니다.

코치가 전략을 알려 주는 게 아니라 고객이 스스로 전략을 수립할 수 있도록 지원하는 것입니다. 코치는 때로는 질문하고 때로는 경청하면서 고객이 전략을 수립할 수 있도록 돕습니다.

셋째, Action & Achieve입니다. 수립된 전략을 실행하게 하고 성취할 수 있도록 돕는 것입니다.

코칭은 대화 그 자체가 목적이 아니라 대화를 통해 이끌어낸 계획을 실천하고 성취하게 하는 것이 목적입니다. 코칭 대화를 통해 이끌어낸 계획을 삶 속에서 실천할 때 코칭은 비로소 완성됩니다.

다음은 코칭 중에 있었던 고객과의 대화입니다.

고객: 코치님, 제가 어떤 말을 해야 되는 겁니까?
코치: 고객님은 하고 싶은 말을 마음껏 하시면 됩니다.
고객: 진짜 아무 말이나 하면 됩니까?
코치: 고객님은 어떤 말이든 하고 싶은 말을 마음껏 하세요. 저는 고객님의 이야기를 들으면서 고객님이 목표를 발견할 수 있

도록 지지하고 격려하겠습니다.

고객: 목표를 발견할 수 있도록 지지하고 격려한다? 멋진 표현이네요. 저도 우리 직원들이 스스로 목표를 발견할 수 있도록 지지하고 격려하겠습니다.

코치: 또한 전략을 수립할 수 있도록 돕겠습니다.

고객: 발견을 격려하고, 전략 수립을 지원한다고요?

코치: 네. 그렇습니다. 더 나아가 그 전략을 실천하고 성취할 수 있도록 도울 것입니다. 그러나 이건 코치인 제가 해야 할 역할이니까 고객님은 신경 쓰지 마시고 그냥 생각나는 대로 마음껏 이야기하시기 바랍니다.

고객: 진짜 아무 이야기나 하면 되는 건가요?

코치: 네. 그렇습니다.

고객: 코칭 그거 재미있네요. 코칭이 그런 거라면 저도 코치가 되고 싶네요. 코치가 되는데 필요한 자질이 있나요?

누구나 코치가 될 수 있습니까?

사람들이 자주 묻습니다.

"주변에 코치가 되려고 하는 사람들이 있습니다. 코치에게 필요한 자질은 무엇인지요? 혹시 코치가 되기에 부적합한 스타일이나 성격 유형이 있는지요? 있다면 그런 사람도 개선이 가능한지요?"

미국의 철학자 켄 윌버(Ken Wilber)의 말을 빌리겠습니다. 켄 윌버는 사람의 의식 상태는 3가지가 있다고 말합니다.

첫째, 의식이 깨어 있는 상태

둘째, 꿈꾸는 상태

셋째, 완전히 잠들어 있는 상태

코치는 고객의 내면을 고객과 함께 탐색하면서 고객이 원하는 게 무엇인지 발견하고 달성할 수 있도록 돕는 사람입니다. 과연 이런 일을 해낼 수 있는지는 그 사람의 의식 수준에 따라 달라질 것입니다. 코치의 의식 상태가 꿈꾸는 상태이거나 완전히 잠들어 있는 상태라면 곤란하지 않겠습니까?

의식이 깨어 있는 상태가 어떤 상태인지 다소 애매한 감이 없지 않습니다. 그래서 이번에는 데이비드 호킨스(David Hawkins) 박사의 말을 빌리도록 하겠습니다. 호킨스 박사는 [표 1]과 같이 인간의 의식은 서로 다른 밝기(Lux)를 가진다고 주장했습니다.

호킨스 박사는 밝기 수준이 200인 '용기'가 인간 의식의 분기점이라고 말합니다. 의식의 영향력이 긍정적인지 부정적인지를 결정하는 갈림길입니다. 200 이상은 긍정적인 의식이며, 200 이하의 수준은 부정적인 의식입니다. 200 이하의 수준은 자기 삶도 살아가기에 급급합니다. 가장 낮은 수준의 '수치심'은 의식의 결핍에서 비롯되는 절망과 우울의 상태입니다. 그보다 높긴 하지만 '죄의식, 무기력, 슬픔, 두려움, 욕망, 분노, 자존심'의 단계는 자신의 생존을 위해 자기 위주의 충동적인 행동을 한다고 합니다.

호킨스 박사는 적어도 200인 '용기'의 수준은 넘어서야 비로소 다른 사람들의 삶에 관심을 가질 수 있는 여력이 있다고 말합니다. 그 이하의 수준은 자기 삶도 제대로 추스르지 못한다는 것입니다. 다른 사람의 삶에 관심을 가지는 건 언감생심이지요. 의식의 밝기가 200 이하인 사람은 다른 사람의 삶을 탐색하는 코치가 되기 어려울 것입니다.

출처: 데이비드 호킨스, 〈의식혁명〉

밝기	수준	감정
700~1000	깨달음	언어 이전
600	평화	축복
540	기쁨	고요함
500	사랑	존경
400	이성	이해
350	포용	용서
310	자발성	낙관
250	중용	신뢰
200	용기	긍정
175	자존심	경멸
150	분노	미움
125	욕망	갈망
100	두려움	근심
75	슬픔	후회
50	무기력	절망
30	죄의식	비난
20	수치심	굴욕

표 1 · 의식의 밝기

500의 밝기인 '사랑'의 수준에 이르면 다른 사람의 행복이 자신의 행복만큼 중요해진다고 합니다. 다른 사람의 행복을 위해 살아가고 그게 자신을 움직이는 원동력이 되는 것입니다.

600 이상의 수준이 되면 항상 평화로운 상태를 유지하면서 깨달

음을 추구하는 삶을 살아간다고 합니다. 나와 너의 구분 없이 모두의 행복을 추구하는 게 삶의 목표가 됩니다. 마하트마 간디가 700에 가까운 의식의 밝기를 보였다고 합니다.

700에서 1000까지는 영적인 완성자의 단계로서 모든 인간의 구원을 위해 살아가는 단계라고 합니다. 에고를 초월한 삶을 살아가고, 인간의 완성이 어떻게 이루어질 수 있는지를 보여 주는 최고의 단계입니다. 호킨스 박사는 크리슈나(Krishna)와 예수, 부처가 이 단계에 해당한다고 말합니다.

코치가 되려고 하는 사람은 자신의 의식 상태가 켄 윌버가 말하는 3가지 중에서 어디에 해당하는지 성찰하는 게 좋겠습니다. 구체적으로는 호킨스 박사의 의식의 지도에서 자신이 어느 수준인지 살펴보는 것도 좋은 방법일 것입니다. 적어도 자신만 살아남으려 급급한 상태는 넘어서야 비로소 코치가 될 자질이 있다고 말할 수 있지 않겠습니까?

다양한 사람들이 코치가 되고 있습니다. 20대 후반에 코치가 된 사람도 있으며, 60대에 코치가 된 사람도 있습니다. 다양한 연령대의 사람들이 코치가 되는 사실을 보면 나이는 그다지 의미가 없는 거 같습니다. 20대든 60대든 코치가 된 사람들을 보면 의식이 명료하고 밝습니다. 코칭을 통해 남을 도우면서 함께 성장하겠다는 분명한 각오와 의지가 있습니다. 그런 의미에서 코치가 될 수 있는 자질을 판단하는 기준은 그 사람의 의식 수준이 아닐까 합니다.

의식의 수준을 높일 수 있나요?

질문의 두 번째 내용은 코치가 되기에 적합한 스타일이나 유형이 있는가 하는 것입니다. 이에 대한 대답은 간단합니다. 유형이나 스타일 같은 건 없습니다. MBTI의 16가지 유형 중에 코치가 되기에 부적합한 유형이 있을까요? 애니어그램의 9가지 유형 중에는 어떨까요? DISC의 4가지 유형은 어떻습니까? 이미 잘 알고 있겠지만 어떤 유형도 각자의 강점과 약점이 있어서 유형 자체만 놓고 코치의 자질이 있다거나 없다거나 말하기는 어렵습니다.

애니어그램은, 모든 유형에는 보통의 의식 상태, 건강한 의식 상태, 건강하지 못한 의식 상태가 있다고 말합니다. 각 유형은 각자의 고유성으로 세상에 공헌하고 기여합니다. 다만 의식의 수준과 의식의 상태가 문제인 것입니다. 어떤 유형이라도 의식이 건강하지 못한 상태라면 코치의 역할을 제대로 수행하기 어려울 것입니다.

의식의 수준이 관건입니다. 코치들이 중요하게 생각하는 '코치답다'는 것도 모두 그 사람의 의식의 상태와 수준을 말합니다. 그러면 '의식 수준을 높일 수는 없는가?' 하는 의문이 생깁니다. 의식 수준도 노력에 의해 얼마든지 단계를 높일 수 있습니다. 저는 명상을 통해 의식 수준을 끌어올리는 노력을 하고 있습니다.

제가 하고 있는 명상 방법을 소개합니다.

편한 자세로 앉아 호흡에 집중합니다. 호흡에 집중하면서 숨을 들이마시는 것을 알아차리고, 내쉬는 호흡을 알아차립니다. 인위적으로 호흡을 조절하지는 않습니다. 그저 편안하고 자연스럽게 들이쉬고 내쉬는 숨을 알아차리기만 합니다. 호흡에 집중하다 보면 어떤 생각이 떠오릅니다. 그때 그 생각을 따라가지 않고 그저 떠오르는 생각을 알아차리기만 하고 그냥 흘려보냅니다.

'왜 이런 생각이 들지? 이유가 뭐지? 어떻게 해야 되지?' 이런 식으로 반응하는 게 생각을 따라가는 것입니다.

'아, 이런 생각이 떠오르는구나' 하고 알아차리고 난 후에 다시 호흡에 집중하는 게 '그저 알아차리고 그냥 흘려보내는' 겁니다.

떠오르는 생각을 흘려보낸 후 다시 호흡에 집중합니다. 다시 수많은 생각이 떠오릅니다. 이때도 떠오르는 생각에 꼬리를 물고 좇아가지 않고 다만 알아차리고 흘려보냅니다. 그리고 다시 호흡에 집중합니다. 들이쉬는 숨을 알아차리고 내쉬는 숨을 알아차립니다. 또 떠오르는 생각을 알아차리고 그냥 흘려보냅니다. 그리고 다시 호흡에 집중합니다. 이런 과정을 반복하는 것이 명상입니다.

처음엔 잘 되지 않겠지만 명상을 계속하면 자기 생각의 패턴을 알아차리게 됩니다. 주로 어떤 생각이 떠오르는지, 자신의 생각이 어떤 경향성을 가지고 있는지도 알게 됩니다. 자기 생각의 패턴을 알게 되는 건 자기 자신을 확인하고 자신을 만나는 것입니다. 자기 생각의 패턴이 바로 자기 자신입니다.

명상을 통해 자신이 어떤 사람인지 잘 알게 될 것입니다. 처음에는 자신의 적나라한 모습을 보게 될 때 당황할 수도 있고 짜증이 날 수도 있습니다. 저는 그랬습니다. 무의식에 담겨 있는 치사하고 유치한 제 생각을 만날 때마다 많이 당황했습니다. 명상을 계속하면서 무의식의 우물에 쌓여있던 찌꺼기들이 차츰 덜어내지면서 맑은 우물이 되는 경험을 했습니다. 마음이 차분해지고 있는 그대로의 자신을 비교적 담담하게 받아들일 수 있게 됐습니다.

명상을 계속하면 머리가 맑아지고 건강이 좋아지는 효과도 있습니다. 호흡에 집중하면서 수없이 떠오르는 자신의 생각을 그저 바라보는 것, 이것이 명상을 하는 방법입니다. 이 과정을 통해 의식이 맑아지고 집중력이 강화됩니다. 어떤 일을 만나도 마음이 흔들리지 않고 시시분별하지 않으며 있는 그대로 볼 수 있는 힘이 생깁니다. 이런 과정을 통해 의식 수준이 높아집니다.

처음에는 하루에 15분 정도 명상을 합니다. 그러면서 차츰 시간을 늘려 나갑니다. 20분, 30분, 1시간… 이런 식으로 늘려나갑니다. 명상하는 시간이 하루 1시간 이상으로 늘어나면 매순간 떠오르는 자기생각을 알아차릴 수 있는 힘이 생깁니다. 떠오르는 자기 생각을 알아차릴 수 있으면 자신의 말과 행동을 선택할 수 있습니다. 명상을 오랫동안 한 사람은 하루 종일 매순간 떠오르는 자기 생각을 알아차린다고 합니다.

방송에서 들었던 이야기입니다. 인천 용화사에 송담 스님이 계십니다. 90대 후반의 연세인데도 아주 정정하시다고 합니다. 그분에게 제자가 물었습니다.

"스님, 하루 종일 화두를 잡고 있으라고 하는데 거기에만 빠지면 곤란한 거 아닙니까? 밥할 때는 밥하는 일에 신경 써야 되고, 빨래할 때는 빨래하는 일에 신경을 써야지, 그때도 '이 뭣고' 하고만 있으면 밥도 태우고 빨래도 다 태울 거 아니겠습니까?"

(화두를 잡는다는 말은 참선하는 걸 의미합니다. 명상의 불교식 방법이 참선입니다.)

송담 스님이 물었습니다.

"니 운전할 줄 아나?"

"네."

"니 처음 운전할 때는 덜덜 떨면서 앞만 보고 갔지?"

"네."

"지금은 옆도 보고 옆 사람과 이야기도 하고 음악도 듣고 흥얼거리고 하지? 가면서 욕도 하지?"

"네."

"그거 하고 똑같아~ 익숙하면 여러 가지를 동시에 할 수 있어!"

제자가 시큰둥한 표정을 짓자 송담 스님이 냅다 소리 질렀습니다.

"해보지도 않고 주둥이만 씨불이고 있네!"

저도 한마디 보태겠습니다. 명상은 잘하고 못하고의 문제가 아닙니다. 하느냐 하지 않느냐의 문제입니다. 저는 매일 아침 한 시간씩 명상하면서 코치의 자질 함양을 위해 노력하고 있습니다.

코치가 잘난 게 아니다

고객은 자신의 목표를 달성하기 위해 코치를 찾습니다. 이렇게 해서 코치와 고객의 관계가 만들어집니다. 이를 코칭관계라 부릅니다. 코칭관계라는 말이 다소 생소할지도 모르겠습니다. 코칭관계는 고객과 코치가 코칭을 통해 형성하는 관계를 말합니다. 코칭관계는 다음과 같은 특징이 있습니다.

- 코치와 고객은 수직적 관계가 아니라 서로 협업하는 대등한 관계다.
- 고객은 코치에게 파워를 허용하는 게 아니라 코칭관계에 파워를 허용한다.
- 코치가 강력한 것이 아니라 코칭관계가 강력하다.

부하직원이 상사의 지시를 따르는 이유는 상사가 잘나서가 아니라 상사에게 주어진 지위와 역할 때문입니다. 상사의 파워는 상사 개인에게서 비롯되는 것이 아니라 역할 관계를 통해 나옵니다. 코칭도 마찬가지입니다. 코치가 강력한 것이 아니라 코칭관계가 강력한 것입니다.

코칭관계의 본질을 제대로 이해하지 못하면 마치 코치가 잘나서 고객이 코치의 질문에 대답하고 코치의 요청에 따르는 것으로 착각할 수 있습니다. 고객은 오직 자신의 성공을 위해 코치에게 코칭을 의뢰하는 것이고 그 기반 위에서 비로소 코칭관계가 만들어집니다. 고객은 코치에게 파워를 주기 위해 코칭을 의뢰하는 것이 아닙니다. 오직 자신의 성공을 위해 코칭관계에 파워를 허용하는 것입니다. 코치는 자신이 강력하고 싶은 유혹에서 벗어나야 합니다.

학생이 물었습니다.

"코치가 질문해도 고객이 대답을 잘하지 않습니다. 과제도 잘 해오지 않습니다. 이럴 때 어떻게 하는 게 좋습니까?"

제가 물었습니다.

- 코치가 질문하면 고객은 무조건 대답해야 하는 건가요?
- 질문에 대답하는 게 고객에게 도움이 된다고 해도 대답하지 않는가요?
- 고객이 그 과제를 하면 자신에게 큰 이익이 생기는 경우에도 과

제를 하지 않습니까?

- 고객은 그 과제를 하는 게 자신에게 얼마나 도움이 된다고 생각
  합니까? 혹시 코치가 억지로 제안한 과제는 아닌가요?

고객은 대체로 코치에게 좋게 보이려고 하는 경향이 있습니다. 괜히 나쁜 인상을 주고 싶어 하지 않습니다. 그래서 코치가 무엇을 하겠는지 물으면 코치가 좋아할 만한 대답을 하기도 합니다. 시간이 지나고 나면 어떻게 대답했는지 잊어버립니다. 고객에게 진짜로 도움이 되는 게 아닌 거지요. 설령 도움이 된다 해도 그보다 더 중요하고 긴급한 다른 일이 있어서 과제를 하지 않았을 수도 있습니다.

어떤 경우라 해도 고객은 자신에게 도움이 된다면 과제를 할 것입니다. 고객이 과제를 해오지 않는다면 고객을 일방적으로 평가하지 말고 고객에게 어떤 다른 중요한 일이 있는지, 어떤 상황에 있는지 이해하려고 노력해야 합니다.

코치의 질문에 고객이 대답하지 않을 경우는 맥락에 맞지 않거나, 대답하기 싫거나, 불편하거나, 어떻게 대답해야 할지 모르거나 하는 등의 여러 이유가 있습니다. 앞에서 말한 것처럼 고객은 언제나 옳습니다. 코치가 잘나서 고객이 대답하는 게 아닙니다. 고객이 대답하지 않는다면 반드시 그럴 만한 이유가 있습니다. 이럴 때일수록 코치는 고객을 더 이해하려고 노력해야 합니다.

학생이 물었습니다.

"코칭할 때 티칭하지 말라고 하는데 고객이 물어볼 때도 티칭하면 안 되는 건가요?"

코칭에서는 티칭하지 말라고 합니다. 이때 티칭의 의미는 코치가 생각하는 답이 고객에게도 그대로 답이 되는 건 아니기 때문에 코치의 답을 일방적으로 제시하지 말라는 뜻입니다. 그런데 코칭을 하고 나면 "오늘 코칭을 통해 많이 배웠습니다"라고 말하는 고객이 있습니다. 가르치지 않았는데도 배웠다고 합니다. 이 말은 무엇을 의미하는 걸까요?

돌이켜보면 코치의 판단을 내려놓고 고객에게 도움이 되는 정보를 제공하려 노력했을 때 이런 효과가 나타납니다. 이를테면 "고객님, 이렇게 해보세요"라고 하는 대신에 "고객님, 이와 유사한 상황의 사례가 있는데 그 이야기를 해도 괜찮을까요?"라고 묻습니다. 고객들은 대체로 말해 달라고 합니다. 그러면 일방적으로 전달하는 게 아니라 스토리텔링 방식을 통해 내용을 전달하고 난 후에 "이 사례를 통해 무엇을 느꼈습니까?" 하고 묻습니다. 코치의 답을 제시하는 것이 아니라 고객이 스스로 생각해 보게 하는 것입니다.

또 고객에게 필요한 정보가 있는데 고객이 잘 모르고 있을 때 그 정보를 제공하는 것입니다. "고객님, 제가 알고 있는 정보가 있는데 알려드려도 될까요?"라고 묻습니다. 이때의 정보는 코치 개인의 경험이 아니라 일반적으로 검증된 정보여야 합니다.

고객이 물었습니다.

"코치님, 어떻게 하면 통찰력을 기를 수 있습니까?"

저는 대답 대신 고객에게 다음과 같이 질문했습니다.

- 고객님, 어떤 통찰을 기르고 싶은가요?
- 그 통찰을 기르는 것이 고객님에게 얼마나 간절한가요?
- 고객님은 그 분야에 대한 어떤 경험과 지식이 있습니까?
- 고객님은 그 분야에 대해 어떤 노력과 시간을 투자하고 있습니까?"

이 질문을 고객의 다이어트에 적용했습니다. 고객은 다음과 같은 결론을 내렸습니다.

- 다이어트는 얼마나 간절한지가 성패를 좌우한다.
- 다이어트를 어떻게 하는지 관련 지식이 있어야 한다.
- 얼마나 많은 노력과 시간을 투자하는지가 다이어트의 성패를 결정한다.

고객은 이 대화를 통해 통찰은 저절로 생기는 게 아니라 그에 대해 얼마나 간절한지, 관련 지식이 얼마나 있는지, 얼마나 노력하는지에 따라 결정된다는 것을 알게 됐습니다. 코칭을 마치고 난 후에 고객이 말했습니다.

"코치님, 오늘 통찰에 대해 잘 배웠습니다."

코칭에서 티칭하지 말라는 말이 고객에게 필요한 정보를 제공하지 말라는 뜻은 아니며, 고객이 성찰하고 배울 수 있는 기회를 제공하지 말라는 건 더욱 아닐 것입니다. 다만 코치가 생각하는 답이 고객에게도 그대로 답이 될 수는 없다는 걸 인식하고, 코치의 판단을 내려놓은 후 오직 고객의 성공을 위한 방법을 선택하라는 의미입니다. 코칭에서 티칭하지 말라는 말은 코치가 잘난 게 아니라는 말과 같은 뜻입니다.

고객이 빛나게 해야 한다

코치가 잘난 게 아님에도 코치는 코칭을 잘하고 싶습니다. 멋지게 코칭해서 좋은 성과를 내고 싶습니다. 그런데 잘하고 싶은 마음이 너무 지나치면 오히려 문제가 생깁니다. 코치가 좋은 성과를 내고 싶은 건 당연한 거지만 의욕이 너무 지나치면 오히려 코칭을 망칠 수 있습니다. 이를 방지하기 위해 코치는 자기관리를 해야 합니다.

자기관리라고 하니까 혹시 오해할지도 모르겠습니다. 흔히 자기관리라고 하면 멋있게 보이기 위해 스스로의 이미지를 관리하는 걸 말하지만 코치의 자기관리는 그 반대입니다. 코치가 멋있게 보이려 하는 마음을 내려놓는 것입니다. 코칭관계를 훼손하지 않고 코칭의 목적을 효과적으로 달성하기 위해 스스로를 관리하는 겁니다. 다음과 같은 것을 코치의 자기관리라고 합니다.

- 코치 자신의 의견, 경험, 에고 등을 내려놓는 것
- 일방적으로 조언하거나 충고하지 않는 것
- 코치 자신의 경험과 지식이 옳다는 생각에서 벗어나는 것
- 코치 자신이 멋있게 보이려는 생각을 내려놓는 것

코칭을 처음 접하는 사람들이 이해하기 쉽도록 코치의 자기관리 체크리스트를 만들었습니다. 다음 체크리스트에 자기 점수를 매겨 보기 바랍니다. 각 문항은 10점 만점이며 합계 100점이 됩니다.

구분	항목	점수
1	나는 내 의견을 말하기 전에 상대의 말을 먼저 듣는 편이다	
2	나는 사람들에게 불필요한 조언이나 충고를 하지 않는다	
3	나는 상대가 하는 말의 맥락을 들을 줄 안다	
4	나는 상대의 감정을 잘 알아차린다	
5	나는 상대가 가치 있게 생각하는 게 무엇인지 잘 알아차린다	
6	나는 상대가 말할 때 몸짓 언어까지 듣는다	
7	나는 상대가 말할 때 내 판단을 내려놓고 듣는다	
8	나는 내 경험이 다른 사람에게도 옳은 건 아니라는 걸 잘 알고 있다	
9	나는 상대가 말하지 않은 것도 잘 알아차리는 편이다	
10	나는 상대의 경험이나 주장에 잘 공감한다	
합계		

표 2 · 코치의 자기관리 체크리스트

자기 점수를 보면 어떤 생각이 듭니까? 저는 이 체크리스트를 강의할 때 자주 사용합니다. 사람들은 강의를 마치고 돌아가면 강의 내용을 잘 기억하지 못합니다. 그래서 어떻게 하면 잘 기억하게 할지 고민한 끝에 이 체크리스트를 만들었습니다. 스스로 점수를 체크하고 난 후에 체크리스트를 휴대폰으로 찍으라고 합니다. 그리고 이 체크리스트를 수시로 읽어 보기를 권합니다.

정리하면, 코치가 자기관리를 해야 하는 이유는 다음과 같습니다.

첫째, 코칭관계를 강력하게 만들고 코칭의 효과를 극대화하기 위해서입니다.

둘째, 코치가 생각하는 답이 고객에게도 답이 되는 건 아니기 때문입니다.

셋째, 코치가 자기 판단을 내려놓을 때 더 강력한 친밀감을 형성할 수 있기 때문입니다.

이 체크리스트에 포함된 항목들은 고객을 빛나게 하는 방법입니다. 저는 이 체크리스트를 휴대폰에 저장해 놓고 가끔씩 읽어 봅니다. 사람들과 어떻게 관계를 맺어야 하는지에 대한 지침이 되고 자신을 성찰하게 됩니다.

지금까지 살펴본 내용을 정리하면 〔그림 2〕처럼 표시할 수 있습니다.

이 그림에 의하면 코치의 자질은 의식의 수준과 상태에 의해 결정되며 코치는 자질 향상을 위해 지속적으로 자기관리를 해야 합니다.

그림 2 · 코치의 자질

학생이 물었습니다.

"코칭하는 동안에만 코치가 되는 게 아니라 일상에서도 코치로서의 삶을 살아가는 좋은 코치가 되고 싶습니다. 어떤 방법이 있을까요?"

굉장히 철학적인 질문입니다. 질문한 사람은 깊이 성찰하면서 코칭 공부를 열심히 하고 있는 것으로 생각됩니다. 코칭을 할 때는 의식적으로 코치처럼 행동하는데 일상에서는 잘 안 된다는 말일 것입니다. 저는 처음 코칭을 배울 때 이게 '인간 연습'을 하는 걸로 느껴졌습니다. 오랫동안 직장생활을 하면서 몸에 배었던 것과 너무 달랐습니다. 정말 불편했습니다. 그런데 몇 년을 계속하다 보니 조금 자연스러워지는 순간이 왔습니다.

국제코치연맹은 자격시험에 응시할 때 기본적인 실습 시간을 충족할 것을 요구합니다. ACC는 100시간, PCC는 500시간, MCC는

2500시간입니다. 왜 이런 요구를 하는지 나중에 알게 됐습니다. 제 경험에는 각 단계를 넘어갈 때마다 성찰이 있었습니다. 100시간이 됐을 때는 아직도 불편했지만 '이렇게 하는 거구나' 하는 정도의 성찰이 왔습니다. 그리고 500시간이 넘어가면서 '아~ 이제 조금 알겠다' 하는 알아차림이 있었습니다. 그런데 2500시간이 넘으려면 하루에 몇 시간씩 몇 년을 해야 되겠습니까?

저는 코치를 직업으로 15년 이상 코칭을 하고 있습니다. 지나보면 MCC 자격은 시험이 어렵다기보다 코칭 시간을 채우는 게 더 어려웠던 것 같습니다. 여기에 답이 있는 것 같습니다. 2500시간을 넘어서자 일상에서도 조금 코치답다는 느낌이 들었습니다.

이 질문에 대한 저의 대답은 실습과 실전을 최대한 많이 하라는 것입니다. 일상에서도 코치로서의 삶을 산다는 건 일상에서도 판단을 내려놓고 입으로 듣는 경청을 실천하는 삶을 산다는 뜻일 텐데 이렇게 되려면 일상에서 저절로 코칭 역량이 드러날 정도로 몸에 배야 하지 않겠습니까?

코칭을 많이 하는 게 답입니다. '어떻게 하면 전문 코치로 빨리 성장할 수 있습니까?'라는 질문을 10년 넘게 받고 있습니다. 저는 한결같이 대답합니다.

- 안 하지만 않으면 됩니다.
- 열심히 하기만 하면 됩니다.

마스터코치의 코칭 레시피

정리하면, 고객을 빛나게 하는 방법은 다음과 같습니다.

- 고객은 아무 말이나 해도 된다. 발견하고 격려하는 건 코치의 몫이다.
- 코치는 자신의 의식 수준을 높이는 노력을 해야 한다.
- 코치가 잘난 게 아니다. 코칭관계가 강력한 것이다.
- 고객이 빛날 수 있도록 코치는 자기관리를 해야 한다.

이 단계를 지나면서 우리는 이제 코치의 길로 접어들었습니다. 코치의 존재 이유는 오직 고객의 성공을 돕는 것입니다. 코치의 존재 이유를 철저하게 자각하고, 코치에게 요구되는 자기관리 노력을 지속적으로 실천할 때 비로소 코치로서 성공할 수 있습니다. 코치가 잘났다는 생각을 내려놓고 고객이 성공할 수 있도록 모든 의식을 집중해야 합니다. 그리고 코치로서 의식 수준을 높이는 자신의 방법을 개발하고 지속적으로 실천해야 합니다.

DSA 대화모델

국제코치연맹(ICF)은 2019년 11월에 코칭 핵심역량(Core Competencies)을 개정했습니다. 코칭 핵심역량은 제대로 된 코칭을 하기 위해 코치가 갖춰야 할 능력을 말합니다. 핵심역량은 처음 코칭을 접하는 사람에겐 스스로 어떤 능력을 갖추어야 하는지에 대한 안내 역할을 하고 코치 자격을 갖추고 난 후에는 지속적으로 자신을 개발하는 가이드가 됩니다.

또한 이 핵심역량은 ICF에서 실시하는 코치 자격시험의 기준이 됩니다. ICF에서 인증하는 코치자격은 ACC(Associated Certified Coach), PCC(Professional Certified Coach), MCC(Master Certified Coach)의 세 단계가 있습니다. 각 단계별로 요구되는 역량 수준은 다르지만 인증시험의 기준은 이 핵심역량을 얼마나 갖추고 있는지입니다. 개정된

ICF의 코칭 핵심역량은 다음과 같습니다.

A. Foundation (기반)

1. Demonstrates Ethical Practice (윤리 실천하기)

2. Embodies a Coaching Mindset (코칭에 적합한 마음가짐 가지기)

B. Co-Creating the Relationship (관계의 공동 구축)

3. Establishes and Maintains Agreements (합의하고 유지하기)

4. Cultivates Trust and Safety (신뢰와 안전함 만들기)

5. Maintains Presence (현재에 머무르기)

C. Communicating Effectively (효과적으로 의사소통하기)

6. Listens Actively (적극적으로 경청하기)

7. Evokes Awareness (의식 일깨우기)

D. Cultivating Learning and Growth (학습과 성장 함양)

8. Facilitates Client Growth (고객의 성장 촉진하기)

코칭 핵심역량의 목적은 코칭을 잘할 수 있도록 안내하는 것입니다. 이 역량이 실제 코칭에서 잘 발휘될 수 있도록 돕기 위해 고안된 것이 대화모델입니다. 대화모델은 코칭 대화를 구체적으로 어떻게 진행하면 되는지에 대한 안내입니다. 대화모델은 코칭의 구조를 포함하고 있으며, 그대로 따라서 코칭 대화를 진행할 수 있는 프로세스를 제공합니다. 알려진 대화모델의 종류는 많으며 각 대화모델은 각각의 특징이 있습니다.

어떤 주제를 코칭하는지에 따라 사용할 수 있는 대화모델이 달라집니다. 코칭의 주제는 고객이 가져오지만 어떤 대화모델을 활용해서 코칭을 할 것인지는 매 코칭 순간에 코치가 결정합니다. 고객이 가치에 대한 주제를 꺼냈다면 코액티브 코칭의 '삶의 충만' 모델을 활용하는 것이 효과적이며, 비전에 대한 주제를 가져 왔을 때는 Corporate Coach U의 'Who-What-How' 모델을 활용할 수 있습니다.

대화모델은 바둑의 정석처럼 수없이 많이 있습니다. 어떤 상황에서 어떤 주제를 다루는지에 따라 초점을 달리하기 때문입니다. 그렇다고 해서 알려진 모든 모델을 알 필요는 없습니다. 코칭이 어떤 구조를 가지고 있고, 어떤 프로세스로 진행되는지에 대한 이해만 있으면 됩니다. 상황에 따라 스스로 자신의 모델을 만들어 사용할 수도 있습니다. 실제로 많은 코치들이 자신의 모델을 만들어 사용하기도 합니다. 이렇게 하는 이유는 자신에게 가장 편한 모델을 통해 코칭의 효과를 극대화하기 위해서입니다.

코칭의 목적은 고객의 자기 발견을 격려하고 전략 수립을 지원하고, 실행하고 성취하게 하는 것입니다. 그러한 의미에서 앞에서 살펴본 〔그림 1〕 코치의 의무 'DSA'는 그대로 코칭모델이 될 수 있습니다.

DSA 모델은 Discover, Strategy, Action & Achieve의 머리글자입니다.

그림 3 · DSA 코칭모델

Discover

- 고객이 성취하고자 하는 걸 찾아내고, 명확하게 하고, 정렬시키는 것
- 고객이 자신을 발견하도록 격려하는 것

Strategy

- 고객이 해결책과 전략을 찾도록 지원하는 것

Action & Achieve

- 고객으로 하여금 실행하고 성취하게 하는 것

DSA 대화모델은 제1장에서 소개한 국제코치연맹에서 정의한 '코치의 의무'를 기반으로 만들어졌습니다. 이제 DSA 대화모델에 대해 자세하게 살펴보겠습니다.

Discover : 발견을 격려한다

첫 번째 단계는 고객으로 하여금 목표를 설정할 수 있도록 격려하는 것입니다. 코칭의 주제는 코치가 정하는 게 아닙니다. 고객이 코칭 받고 싶은 주제를 가져오는 것이고, 코칭을 통해 무엇을 얻고 싶은지도 고객이 정합니다. 코칭 주제와 코칭을 통해 얻고 싶은 것을 명료하게 정리하는 것을 '코칭 합의하기'라고 합니다. ICF는 코칭 핵심역량의 3번 '합의하고 유지하기'에서 다음과 같이 규정하고 있습니다.

- 고객 및 이해관계자와 함께 코칭관계, 프로세스, 계획 및 목표에 대해 명확하게 합의한다.
- 코칭 전반에 대한 합의와 함께 각 코칭 세션에 대해서도 합의

한다.

- 고객이 세션에서 얻고자 하는 것을 정의하거나 재확인한다.
- 고객이 세션에서 얻고자 하는 것을 달성하기 위해 다룰 것이나 해결하려 하는 것이 무엇인지 규정한다.
- 코칭을 하면서 또는 각 세션에서 고객의 성공을 어떻게 측정할 것인지 정의하거나 재확인한다.

DSA 대화모델의 첫 단계인 'Discover 발견을 격려하기'는 코칭 합의를 충족시키는 단계입니다. 코칭 목표를 합의하는 것이 코칭에서 제일 중요한 단계입니다. 목적지를 제대로 정하지 않고 코칭을 시작하는 건 어디로 갈지 정하지 않고 자동차를 출발하는 것과 같습니다. 코칭 실습을 지도하면서 코칭 합의를 제대로 하지 않고 코칭을 시작하는 경우를 자주 보았습니다. 코칭 합의하기에 대한 개념을 제대로 이해하지 못했기 때문입니다.

코칭을 하는 사람들은, 코칭 주제는 고객이 정한다는 것을 잘 알고 있습니다. 그래서 코칭을 시작하면서 "오늘 어떤 주제로 이야기해 볼까요?" 하고 고객에게 묻습니다. 그런데 거기까지입니다. 그 다음 단계의 합의를 하지 않습니다. 코칭 주제를 묻고 대답하는 게 코칭 합의의 전부라고 생각하기 때문입니다.

코칭 합의하기는 단순히 코칭 주제를 물어보는 것에서 그치지 않습니다. 더 나아가 고객이 어떤 결과를 얻고 싶은지, 그 결과를 얻으면 어떤 점이 좋은지 등 코칭 대화를 나눌 내용에 대해 구체적으로 정의해야 합니다. 코칭 합의 없이 코칭을 시작하면 제대로 된 코칭 효과를 내기 어렵습니다. 코칭을 합의하는 방법은 다음과 같습니다.

- 오늘 어떤 이야기를 해볼까요?
- 오늘 코칭을 통해 무엇을 얻고 싶은가요?
- 오늘 코칭을 마쳤을 때 무엇을 얻고 싶습니까?
- 오늘 코칭의 성공을 어떻게 정의하겠습니까?
- 코칭이 성공했다는 걸 어떻게 알 수 있을까요? 성공의 척도는 무엇입니까?
- 오늘 코칭이 성공하는 건 고객님에게 어떤 의미가 있습니까?
- 그걸 얻게 되면 어떤 점이 좋습니까?
- 코칭이 성공한 모습을 은유나 이미지로 표현해 보시겠습니까?

코칭을 통해 무엇을 얻고 싶은지 물어도 고객 자신도 잘 모를 때가 있습니다. 이때 고객이 생각할 수 있도록 도와주는 질문들이 있습니다.

- 지금 당장 해결해야 할 과제가 있다면 무엇입니까?
- 개선하고 싶은 것이 있다면 무엇입니까?
- 더 잘하고 싶은 것은 무엇입니까?
- 얻고 싶은 것이 있다면 무엇입니까?
- 지금 '말도 안 되는데' 하고 있는 것은 무엇입니까?

- 참고 있는 것이 있다면 무엇입니까?
- 짜증나는 것이 있다면 무엇입니까?
- 벗어나고 싶은 것이 있다면 무엇입니까?
- 마음대로 하고 싶은 것은 무엇입니까?

이 질문들이 어색하게 느껴질지도 모르겠습니다. 처음 접하는 질문도 있고 대답하기 불편한 질문도 있을 겁니다. 그래서 처음 코칭을 시작하는 사람들 중에는 이 질문들을 그냥 버리기도 합니다. 안타까운 일입니다. 이 질문들을 잘 사용하면 고객에게 큰 도움을 줄 수 있습니다. 강력한 도구가 될 수 있는 질문들을 버리지 않았으면 좋겠습니다. 이 질문들의 의미를 잘 이해하고 암기해서 적절한 상황에서 자유롭게 사용할 수 있기를 바랍니다.

이 질문들을 일상에서 사용하라는 말은 아닙니다. 일상에서 이 질문들을 한다면 상대는 불편해 하고 무례하게 느낄 수도 있습니다. 그러나 코칭 대화는 일반 대화와 달리 분명한 목적을 가진 대화입니다. 고객의 성공을 돕기로 합의하고 난 후에 하는 대화입니다. 그렇기 때문에 이런 질문들을 할 수 있는 것입니다. 코칭을 공부하면서 어색한 것들을 만나게 될 때 어색하고 불편하다 해서 외면하지 말기 바랍니다. 그 어색함과 불편함을 극복하는 것이 코칭 실력을 향상시키는 방법입니다.

코칭 합의하기 사례를 보겠습니다.

코치: 오늘 어떤 이야기를 해볼까요?

고객: 어떻게 하면 부하 육성을 잘할 수 있는지에 대해 이야기해 보고 싶습니다.

코치: 조금 자세하게 말해 주시겠습니까?

고객: 직원들이 성과를 잘 내고 지속적으로 성장할 수 있는 방법을 가르쳐 주고 싶습니다.

코치: 그렇군요. 오늘 코칭을 마쳤을 때 무엇을 얻고 싶은가요?

고객: 직원들을 육성하는 구체적인 방법을 알고 싶습니다.

코치: 오늘 코칭이 성공했다는 것을 어떻게 알 수 있을까요?

고객: 아~ 이렇게 하면 되겠구나! 하는 확신을 갖게 되면 코칭이 성공했다고 할 수 있겠습니다.

코치: 그렇게 되면 고객님에게 어떤 점이 좋은가요?

고객: (입가에 미소를 지으며) 그거야 당연한 거 아니겠습니까? 직원들이 성과를 잘 낸다는 건 저도 성과를 잘 내는 게 될 것이고, 직원들이 지속적으로 성장하게 되면 저도 성장하게 될 거고, 직원들과 관계도 좋아지고 직원들에게 존경 받는 사람이 되지 않겠습니까?

코치: 그렇게 되는 것이 고객님에게 어떤 의미가 있습니까?

고객: (확신을 가지고 힘주어 말한다) 직원들과 관계도 좋고 성과도 좋으니까 일하는 게 즐거워질 것이고, 저도 성장하니까 성취감도 느낄 수 있어서 행복한 직장생활을 할 수 있지 않겠습니까? 그야말로 인생이 행복해지는 거지요.

어떤 주제로 이야기하고 싶은지, 그게 어떻게 되고 싶은지, 어떻게 되는 것이 코칭의 성공인지에 대해 코치가 마음속으로 추측하거나 암묵적으로 인지하는 것이 아니라 코치와 고객이 분명하게 정의하는 것이 코칭을 합의하는 것입니다.

코칭 합의하기 사례를 하나 더 살펴보겠습니다.

코치: 오늘 어떤 이야기를 해볼까요?

고객: 미래에 대한 준비를 어떻게 할 것인지 하는 것과 요즘 스트레스를 많이 받고 있는데 어떻게 하면 스트레스를 잘 관리할 수 있는지 하는 두 가지가 동시에 떠오릅니다.

코치: 조금 자세하게 말해줄래요?

고객: 제가 앞으로 교육 사업을 하려고 하는데 어떻게 하면 잘할 수 있을까? 하는 것과 제가 그동안 추진하다가 중도에 그만둔 것들이 많은데, 왜 나는 끝까지 추진하지 못하고 중도에 그만두는 것인가? 그 이유를 알고 싶은 마음도 있습니다. 예를 들면 박사 과정 논문을 중단했고, 또 경영지도사 시험 준비를 하다가 그만뒀고, 코치 자격을 따는 것도 실습을 조금 하다가 지금 중단된 상태입니다. 또 2년 넘게 책을 쓴다고 잡고 있다가 그것도 중단되었지요.

코치: 그러시군요. 그중에서 오늘 코칭에서 먼저 다루고 싶은 건 무엇인가요?

고객: 먼저, 오늘 코칭을 통해 내가 왜 중간에 자꾸 그만두는지 그

원인에 대해 알고 싶습니다.

코치: 오늘 코칭을 마쳤을 때 어떤 걸 얻으면 코칭이 성공했다고 말할 수 있을까요?

고객: 제가 얼마 전에 아들과 좋은 관계를 맺고 싶다는 내용으로 코칭을 받다가 어렸을 때 경험이 떠올라서 울었습니다. 그때 제가 왜 그런지 원인을 알게 됐습니다. 마찬가지로 왜 자꾸 중도에 포기하는지 원인을 알고 싶습니다.

코치: 중도에 자꾸 포기하는 원인이 무엇인지 알게 되는 게 오늘 코칭의 성공인가요?

고객: 네. 왜 그런지 원인을 알게 되면 속이 후련할 거 같습니다. 중도에 포기하는 이유를 알고 앞으로 그렇게 하지 않을 수 있는 자신감을 얻을 수 있으면 좋겠습니다.

코치: 그렇게 되는 게 고객님에게 어떤 의미가 있습니까?

고객: 아주 중요합니다. 제가 새롭게 시작하는 교육 사업을 중간에 또 포기할까봐 요즘 아내가 매우 불안해하고 있거든요. 이 일을 중간에 포기하는 건 여태까지와는 차원이 다릅니다. 엄청난 타격을 입을 수 있습니다. 제가 자신감이 생기면 아내도 덜 불안할 거고 또 자꾸 중도에 포기하는 이유를 알게 되면 사업의 성공 가능성이 높아지는 거니까 앞으로의 제 인생에서 매우 중요한 일입니다.

코치: 그러면 오늘 코칭이 성공한 모습을 은유나 이미지로 표현해 보시겠습니까?

고객: 철인 3종 경기를 완주한 모습? 비록 숨이 차서 헐떡이고 있지만 상쾌하고 자신감 넘치는 모습입니다. 철인 3종 경기를 마치고 활짝 웃는 모습이 떠오릅니다.

코치: 그러시군요. 그럼 중도에 포기한 것 중에서 기억나는 것 하나에 대해 자세하게 말씀해 주시겠습니까?

(이런 방향으로 코칭이 계속 진행되었습니다.)

DSA 대화모델의 첫 번째 단계인 'Discover 발견을 격려하기'는 코칭을 합의하는 것입니다. 코칭 주제와 코칭을 통해 무엇을 얻고 싶은지에 대해 암묵적으로 동의하는 게 아니라 분명하게 드러내고 명료하게 정리하는 것이 코칭 합의하기입니다. 코칭 합의하기를 제대로 하는 것이 코칭의 시작입니다.

Strategy : 전략 수립을 지원한다

    DSA 대화모델 두 번째 단계인 'Strategy 전략 수립을 지원하기'에 대해 살펴보겠습니다. 이 단계는 코칭 합의를 하고 난 후에 고객이 지금 어떤 상태에 있는지에 대해 살펴보는 단계입니다. 현재 상태와 목표 상태에 어떤 갭이 있는지 분명하게 확인합니다. 그 과정을 통해 합의한 목표가 달성할 수 있는 현실적인 목표인지 점검할 수 있고, 갭을 분명하게 확인하면 목표를 달성하기 위해 구체적으로 무엇을 해야 할지 알 수 있게 됩니다.

    코칭 합의하기 단계는 원하는 상태에 대한 이야기를 나누기 때문에 대체로 고객의 에너지가 높습니다. 반면 현재 상태는 좋지 않은 상황인 경우가 많습니다. 이 단계에서는 고객의 에너지가 떨어질 수 있습니다. 그러므로 이 단계에서 코치는 주의를 기울여야 합니다. 고객이 비난 받는다는 느낌이 들지 않도록 주의해야 하고 부드러운 어조로 말해야 합니다.

현재 상태를 확인하는 방법은 다음과 같습니다.

- 현재 상태는 어떻습니까?
- 지금 어떤 일이 일어나고 있습니까?
- 현재 어떤 애로사항이 있나요?
- 이 일은 언제 일어납니까? 얼마나 자주 발생합니까?
- 이 일은 어떤 영향을 미칩니까?
- 그걸 해결하기 위해 지금까지 어떤 노력을 해보셨나요?
- 어떤 것이 효과가 있었습니까?
- 지금 무엇을 참고 있습니까?
- 이제 더 이상 참고 싶지 않은 것이 있다면 무엇인가요?
- 무엇을 개선하고 싶은가요?

코칭 합의 단계의 질문들과 마찬가지로 이 질문들 중에도 어색한 것들이 있을 것입니다. 어색하다고 해서 이 질문들을 일상 대화에서 사용하는 편안한 질문으로 바꾸려 하지 말고 이 질문들의 어색함을 극복하기 바랍니다. 코칭 세계에 들어서서 코칭을 잘 해내려면 코칭 질문의 어색함을 넘어설 수 있어야 합니다. 저는 15년 동안 코칭을 3500시간 이상 했습니다. 지금도 이 기본 질문들을 그대로 사용하고 있습니다.

전략 수립을 지원하기 위해 현재 상태에 대해 충분하게 살펴보고 난 후에는 목표 상태와 어떤 차이가 있는지 명료하게 알아야 합니다. 현재 상태와 목표 상태를 명료하게 하는 방법 중에 '대비 요법'이 있습니다.

(A) 현재 상태를 한 문장 또는 한 단어로 말한다면 어떻게 말하겠습니까?

(B) 목표가 달성된 상태를 한 문장 또는 한 단어로 말해본다면 어떻게 말할 수 있겠습니까?

(A)와 (B)를 확연하게 대비시키는 것이 대비 요법입니다. 전략 수립을 지원하는 방법의 핵심이라고 할 수 있습니다.

이제 대비 요법의 사례를 살펴보겠습니다.

책을 쓰고 싶은데 몇 년 동안 진척이 없는 고객입니다. 이 고객에게 현재 상태와 목표가 달성된 상태를 한 문장으로 말해줄 것을 요청했습니다. 고객은 이렇게 대답했습니다.

(A) 현재 상태: 꽉 막혀 있다, 망설이고 있다, 용기가 없다.

(B) 목표가 달성된 상태: 일단 시작했다, 용기가 있다, 실타래가 풀리고 있다.

A에서 B로 말해줄 것을 요청했습니다.

"(A) 용기 없이 망설이며 꽉 막혀 있는 상태에서, (B) 용기를 가지고 일단 시작해서 실타래가 풀리고 있다"고 말했습니다.

'(A)에서 (B)'로 말하게 함으로써 현재 상태와 목표가 달성된 상태의 차이를 분명하게 대비시키는 것이 대비 요법의 핵심입니다.

대비 요법의 사례를 더 살펴보겠습니다.

대기업 임원인 고객은 언제 자리에서 물러날지 몰라 불안해하고 있었습니다. 연말에 어떻게 될지 자리에 대한 불안이 컸습니다. 현재 상태와 목표가 달성된 상태를 한 문장으로 말해줄 것을 요청했습니다. 고객은 이렇게 대답했습니다.

(A) 현재 상태: 불안감에 떨고 있다.
(B) 목표가 달성된 상태: 자신감을 가지고 소신껏 일한다.

A에서 B로 말해줄 것을 요청했습니다.

"(A) 불안감에 떨고 있는 상태에서, (B) 자신감을 가지고 소신껏 일한다."

(A)에서 (B)로 말하게 하는 대비 요법을 통해 현재 상태와 목표가 달성된 상태의 차이를 분명하게 함으로써 구체적인 실행 계획을 세울 수 있습니다.

이제 전략 수립을 지원하는 대화를 살펴보겠습니다.

코치: 구성원 육성을 잘하고 싶다고 했는데 지금은 어떤 상태인

가요?

고객: 업무가 바빠 직원들이 어떤 상태에 있는지 제대로 챙기지 못하고 있습니다.

코치: 얼마나 자주 그렇습니까?

고객: 거의 항상 그런 상태인 거 같습니다.

코치: 지금 이런 상태가 지속된다면 어떨 것 같습니까?

고객: 직원들은 성장하지 못하고 저도 지쳐서 조직이 정체되는 심각한 상황이 되겠지요.

코치: 직원들을 육성하기 위해 지금까지는 어떤 노력을 하셨습니까?

고객: 외부로 교육을 보내 보기도 하고, 업무를 시작하기 전에 스터디를 해보기도 했습니다. 그리고 특정 업무가 끝나면 그에 대한 피드백을 통해 직원들을 육성하는 노력도 해봤습니다.

코치: 그중에서 어떤 게 효과가 있었습니까?

고객: 특정 업무를 마치고 나서 그에 대한 피드백 미팅을 가진 것이 가장 효과가 있었던 거 같습니다.

코치: 직원을 육성하는데 있어서 지금 어떤 애로사항이 있습니까?

고객: 수시로 하달되는 상사의 지시 때문에 제 스케줄을 제대로 컨트롤하지 못하고 있습니다. 그렇게 제 스케줄이 망가지는데도 상사에게 아무 말도 못하고 있습니다.

코치: 그게 어떻게 되기를 원하십니까?

고객: 상사의 갑작스러운 업무 지시 때문에 제 스케줄이 망가지는

일이 더 이상 없었으면 좋겠습니다.

코치: 그렇게 되기 위해 무엇을 해야 하나요?

고객: 상사와 업무 미팅을 통해 중요한 게 무엇인지 우선순위에 대한 합의를 미리 했으면 좋겠습니다. 그래서 상사의 갑작스러운 지시를 가급적 줄일 수 있으면 좋겠습니다. 제가 하는 업무를 상사와 공유하고 우선순위를 함께 조정하면 가능할 거 같습니다.

코치: 현재 상태를 한 문장으로 말해 보시겠습니까?

고객: 스케줄이 망가진 상태.

코치: 목표가 달성된 상태를 한 문장으로 말해 보시겠습니까?

고객: 우선순위가 합의된 상태.

코치: 현재 상태를 (A)라고 하고, 목표가 달성된 상태를 (B)라고 한다면, '(A)에서 (B)로' 하는 식으로 연결해서 말씀해 보시겠습니까?

고객: 스케줄이 망가진 상태에서 우선순위가 합의된 상태로 만든다.

전략 수립을 지원하는 단계는 구체적인 실행 계획을 수립하기 위해 목표 상태와 현재 상태를 대비시키고 해결 방안을 찾기 위해 다각도로 브레인스토밍하는 단계입니다. 이 단계에서 코치는 고객이 말하는 어떤 것도 기꺼이 환영하는 자세로 받아들여야 합니다. 비현실적이거나 실행 가능성이 없다고 느껴질 때도 마찬가지입니다. 이 단계는 아무 말이나 할 수 있는 브레인스토밍 단계임을 잊지 않기 바랍니다. '아무 말 대잔치' 단계입니다. 이 단계를 통해 코치는 고객의 생각을 확장시키기도 하고 동기부여하기도 합니다. 그 과정을 통해 고객은 최적의 실행 계획을 수립할 수 있습니다.

고객이 아이디어가 부족하거나 생각이 잘 나지 않는다면 고객에게 그럴 만한 사정이 있습니다. 상황이 안 되기도 하고 의욕이 저하되어 있기도 합니다. 어떤 이유든 고객에게는 그럴 만한 이유가 있습니다. 이때 고객의 아이디어가 부족하다고 해서 코치가 대신 아이디어를 제시하는 건 금물입니다. 코치의 아이디어는 코치에게 최적화된 아이디어일 뿐 고객에게도 최적은 아닙니다. 코치의 상황과 고객의 상황이 같지 않기 때문입니다.

이때 코치는 자신이 생각한 해결책이 옳다는 생각에서 벗어나 고객으로 하여금 움직이지 못하게 하는 게 뭔지에 대해 충분히 브레인스토밍하고 고객이 스스로 해결책을 찾도록 지원하고 기다려야 합니다. 코치가 고객의 삶을 대신 살아주는 것이 아니기 때문에 코치가 고객의 삶에 대한 해결책을 제시하는 건 어불성설입니다. 코치가 생각하는 해결책이 아니라 고객이 스스로 해결책을 찾도록 지원한다는 의미에서 '전략 수립을 지원하기'입니다.

이 단계는 고객이 스스로 전략을 세울 수 있도록 돕는 것이지 코치가 대신 전략을 수립해 주는 것이 아니라는 걸 다시 한 번 상기하기 바랍니다.

Action & Achieve : 실행하고 성취하게 한다

이 단계는 '전략 수립을 지원하기' 단계에서 살펴본 여러 가지 생각들에 대해 구체적인 실행 계획을 수립하는 단계입니다. 다음과 같이 질문할 수 있습니다.

- 구체적으로 무엇을 하겠습니까?
- 그건 현실적인가요?
- 어떻게 측정할 수 있습니까?
- 언제까지 하겠습니까?
- 실행한 내용을 코치가 어떻게 알 수 있을까요?

위의 기본적인 질문을 했는데도 실행 계획을 세우지 못하고 꽉 막혀 있을 경우가 있습니다. 그때는 고객의 생각을 확장시켜 주기 위해 다음과 같은 질문을 사용하기도 합니다.

- 이 상황을 변화시키기 위해 할 수 있는 것은 무엇입니까?
- 이 상황을 해결하기 위해 누구의 도움을 받을 수 있습니까?
- 고객님이 지금보다 더 용기가 있다면 무엇을 해보고 싶은가요?
- 만약 절대로 실패하지 않는다면 무엇을 해보고 싶은가요?
- 만약 고객님의 절친한 친구가 이런 상황에 놓여 있다면 어떻게 조언해 주고 싶은가요?
- 고객님에게 지금 요술지팡이가 있다면 무엇을 바꾸고 싶은가요?
- 고객님이 비행기를 타고 가다가 지금 상황을 내려다본다면 무엇을 해보고 싶은가요?
- 5년 후에 지금 상황을 돌이켜본다면 어떤 선택을 하겠습니까?

고객의 생각을 자극하기 위해 다소 기발하고 엉뚱한 질문을 사용하기도 합니다.

- 만약 고객님이 꽃이라면, 어떤 꽃인가요? 그 꽃은 이때 어떻게 할까요?
- 만약 고객님이 나무라면, 어떤 나무인가요? 그 나무는 이때 어떻게 할까요?

91

- 고객님을 어떤 동물에 비유할 수 있을까요? 그 동물은 이때 어떻게 할까요?
- 고객님이 크게 성공해서 인터뷰를 한다면, 성공 비결을 뭐라고 말하겠습니까?
- 고객님이 책을 쓴다면 어떤 내용의 책을 쓰고 싶은가요? 책의 제목은 무엇입니까? 그 책을 통해 어떤 메시지를 전하고 싶은가요?
- 고객님의 80세 생일 축하연의 모습을 설명해 주세요. 장소는 어디인가요? 누가 모였습니까? 그들은 어떤 말로 축하해 줍니까? 지금 마음이 어떠신가요?

이 질문들은 다양한 관점을 통해 고객의 생각을 확장시켜 주는 것이 목적입니다. 앞에서와 마찬가지로 이 질문들은 암기하고 있어야 합니다. 이 질문들을 자유롭게 사용할 수 있을 정도로 암기하고 있어야 편안하게 코칭할 수 있습니다.

저는 처음 코칭을 공부할 때 질문 250개를 발췌해서 매일 아침 3번씩 읽고 녹음해서 하루 종일 듣고 다녔습니다. 약 6개월 동안 했더니 코칭할 때 자연스럽게 질문들이 떠올랐습니다. 그렇게 코칭의 문턱을 넘어 왔습니다. 이 책에 소개된 질문들을 전부 암기할 수 있다면 코칭 실력이 한 단계 더 올라갈 것입니다.

구체적인 실행 계획을 이끌어내기 위해 스마트(SMART) 기법을 사용합니다.

- S (Specific): 그 계획은 구체적인가?
- M (Measurable): 그 계획은 측정 가능한가?
- A (Actionable): 그 계획은 행동으로 실행 가능한가?
- R (Realistic): 그 계획은 현실적인가?
- T (Timely/Timeline): 그 계획은 시의적절하고 시한이 정해져 있는가?

두루뭉술하게 책을 많이 읽겠다고 말하는 고객에게 SMART 기법을 적용했습니다.

고객: 책을 많이 읽겠습니다.
코치: 구체적으로 몇 권 읽을 예정입니까?
고객: 일주일에 3권 읽겠습니다.
코치: 그 계획은 실현 가능한 건가요?
고객: 음, 조금 어려울 것 같네요… 일주일에 1권 읽겠습니다.
코치: 일주일에 1권 읽는 걸 언제까지 할 생각인가요?
고객: 일단 1년 동안 실천해 보겠습니다.

몸무게를 줄이겠다고 말하는 고객에게 SMART 기법을 적용한 사례입니다.

고객: 몸무게를 줄이겠습니다.

코치: 얼마나 줄일 생각인가요?

고객: 10kg 정도 줄이겠습니다.

코치: 언제까지 줄일 예정이신가요?

고객: 30일 이내에 줄이겠습니다.

코치: 그건 실현 가능한 것인가요?

고객: 음, 좀 어려울 것 같네요.

코치: 실현 가능한 건 얼마인가요?

고객: 30일 이내에 5kg을 줄이겠습니다.

자신이 할 수 있는 것이 아무것도 없다고 하소연하는 고객들이 있습니다. 그럴 때도 일단 들어야 합니다. 그게 불평이든 불만이든 일단 듣습니다. 한 시간 코칭에 40분이나 50분 이상 불만을 말하는 고객도 있습니다. 이럴 때도 끝까지 듣는 게 중요합니다. 일단 듣고 난 후에 코칭 시간이 10분이나 20분 정도 남았을 때 다음 질문을 하면 됩니다. 이때 고객이 비난으로 느끼지 않도록 어조와 표정을 부드럽게 하는 것이 중요합니다.

- 그래서 어떻게 하시겠습니까?
- 무엇을 해보겠습니까?
- 언제 하시겠습니까?

이런 질문을 하면 고객은 다소 당황해 하긴 하지만 무엇을 해야 하는지에 대해 스스로 생각하게 됩니다. 이런 질문들은 고객의 관점을 전환시켜 주기도 합니다.

학생이 물었습니다.

"코칭 실습을 할 때 고객을 쪼아서 실행 계획을 뽑아내려는 느낌을 자꾸 받습니다. 실습이니까 예의상 실행 계획을 말하긴 하는데 이건 정말 예의상 그냥 말하는 겁니다. 이런 게 과연 의미가 있을까요?"

코칭 실습을 하다보면 분위기에 이끌려 실제로는 실천하지 않을 실행 계획을 말하는 경우가 간혹 있습니다. 저도 처음 코칭을 배울 때 그랬습니다. 그렇다고 그게 의미가 없는 건 아니었습니다. 그런 과정을 통해 코칭의 프로세스를 익혔고, 무엇을 해야 하는지에 대해 고민하기도 했습니다. 또 코치의 질문이 기억에 남아서 계속 성찰하게 되는 경우도 있었고, 실천하겠다고 해놓고 실천하지 않았던 기억들이 가끔씩 떠오르면서 내가 무엇을 놓치고 있는지에 대한 알아차림이 생기기도 했습니다.

비록 지켜지지 않을 실행 계획을 도출하는 실습이 될지라도 실습 그 자체로 코칭 역량을 배양하는 기회가 될 수 있습니다. 계속 연습해서 고객을 압박하지 않으면서도 자연스럽게 실행 계획을 이끌어낼 수 있는 역량을 키우기 바랍니다.

의식을 확대하고 코칭을 마무리한다

이 단계는 코칭을 마무리하는 단계입니다. 이 단계에서는 코칭에서 다룬 것들을 행동으로 옮길 수 있도록 격려하고 기대를 표시합니다. 이를 위해 ICF는 코칭 핵심역량 7번 '의식 일깨우기'와 8번 '고객의 성장 촉진하기'를 통해 다음과 같이 할 것을 요구합니다.

- 고객의 새로운 인식, 통찰, 또는 배움을 고객의 세계관과 행동 양상에 통합시키기 위해 노력한다.
- 고객이 배움을 통합하고 확장할 수 있도록 목표와 행동, 책임 관리 방법을 고객과 함께 설계한다.
- 고객 스스로 목표, 행동, 책임 관리 방법을 설계하도록 지원한다.

마스터코치의 코칭 레시피

- 고객이 행동을 실천하며 얻을 수 있는 성과와 배움을 찾도록 고객을 지원한다.
- 고객이 가진 자원이나 도움 받을 수 있는 것, 또는 예상되는 장애 요인을 고려하여 어떻게 나아갈 수 있을지 생각하도록 요청한다.
- 고객이 각 세션에서 또는 전체 세션에서 배운 것과 통찰한 것을 고객이 스스로 요약하게 한다.
- 고객의 발전과 성공을 축하한다.
- 고객과 함께 세션을 마무리한다.

이 핵심역량에 대한 설명을 반복해서 읽는 것 자체로 코칭 실력이 향상됩니다. 이 책의 부록에 개정된 ICF 핵심역량 전문을 실었습니다. 읽고 또 읽어서 코칭 역량을 향상시킬 수 있기를 기대합니다. 저와 코칭을 함께 공부하는 모임 '코끼리' 스터디에서는 핵심역량을 일주일에 한 번씩 읽기로 했습니다. 100번을 채울 때까지!

다음은 고객이 코칭을 통해 성찰한 것, 깨달은 것, 하기로 한 것, 관점을 전환한 것 등에 대해 정리하면서 고객의 성장을 촉진하는 방법입니다.

- 오늘 코칭을 통해 무엇을 배웠습니까?
- 오늘 코칭을 통해 새롭게 발견한 것은 무엇입니까?
- 오늘 코칭을 통해 관점이 전환된 것은 무엇입니까?

- 오늘 코칭을 통해 상황에 대해 새롭게 알게 된 것은 무엇입니까?
- 오늘 코칭을 통해 자신에 대해 알게 된 것은 무엇입니까?
- 오늘 코칭을 통해 성취한 것은 무엇입니까?
- 오늘 코칭의 결과로 앞으로 무엇이 달라지겠습니까?

이런 질문들을 마무리 질문이라고 합니다. 마무리 질문을 통해 고객은 의식이 확장되고 성장이 촉진됩니다. 마무리 질문을 하면 고객들은 주로 다음과 같이 대답합니다.

- 코치의 질문에 대답하다 보니 스스로 생각이 정리됐습니다.
- 대답하다 보니 스스로 내 말에 설득이 되는군요.
- 스스로 말하고 나니까 실행 의지가 높아집니다.
- 대답을 하면서 내가 이런 생각을 하고 있었는지 스스로 놀라게 됩니다.

마무리하기 단계에서 고객은 의식이 확장되는 경험을 합니다. 그후에 코치는 고객이 성취한 것, 관점을 전환한 것 등에 대해 말해 주고 축하하고 인정하는 시간을 가집니다. 다음에 해당하는 것들을 고객에게 말해줍니다.

- 코칭을 통해 고객이 성취한 것.

- 코칭을 통해 고객이 시각을 전환한 것.
- 코칭을 통해 고객이 새로운 의미를 부여한 것.
- 코칭을 통해 고객이 실행 의지를 강력하게 부여한 것.
- 축하하고 지지하고 응원해줍니다.
- 고객과 함께 코칭을 마무리합니다.

마무리 단계의 사례를 살펴보겠습니다.

코치: 고객님, 오늘 코칭을 통해 무엇을 성취하셨습니까?

고객: 지금 말씀드린 네 가지 전부는 아니지만 그중 몇 가지를 다시 시도하는데 쉽게 할 수 있을 것 같은 자신감? 그리고 다른 일을 새롭게 시도할 것이 많은데, 그 일이 중간에 중단되더라도 예전처럼 답답하진 않을 거 같아요. 그리고 앞으로 스트레스도 덜 받을 거 같고요. 오늘 성취한 것 중에서 스스로 훌륭하다고 생각되는 건, 그동안 중단했던 일들이 내가 게으르거나 끈기가 없어서 그런 게 아니라 내 가치관에 맞지 않아서 중단한 것이고, 또 제가 남을 배려하는 마음이 있어서 그렇다는 것을 확인한 것입니다.

코치: 자신감을 얻으셨군요.

고객: 앞으로 훨씬 편안하게 일할 수 있을 거 같아요.

코치: 자신이 중단한 일들의 원인을 명확하게 알아내는 것이 오늘 코칭의 성공이라고 하셨는데 그 결과로 앞으로 무엇이 달라

질까요?

고객: 원인을 알았으니까 구체적인 실행을 할 수 있을 거 같습니다. 오늘 코칭을 통해 원인만 알았으면 좋겠다고 생각하고 시작했는데, 실행 계획까지 세울 수 있어서 원하는 방향을 뚫고 나간 듯한 느낌입니다.

코치: 고객님은 오늘 코칭을 통해 자신의 내면에 깊이 자리하고 있는 가치관, 리더십에 대한 신념, 자신이 원하는 삶의 방향에 대해 성찰하고 자신감을 얻으셨습니다. 원하는 걸 뚫고 나갔다는 표현을 하는 걸 보니까 그런 힘도 얻은 것 같네요. 축하드립니다.

고객: 감사합니다. 코치님의 말씀을 들으니까 에너지가 막 올라갑니다.

코치: 축하드립니다.

고객: 기분이 좋아지고 있습니다. 감사합니다.

학생이 물었습니다.

"주어진 코칭 시간 안에 코칭을 마무리 짓는 일이 쉽지 않을 거 같아요. 마무리까지 잘 끝내려면 중간에 시간 조절을 잘해야 할 것 같은데 특별한 방법이 있을까요?"

제 경험을 말씀드리겠습니다. 몇 년 전에 있었던 일입니다. 제가 코칭하고 있던 회사의 HR 책임자가 코칭 받을 일이 있다고 저에게 코칭해 줄 것을 요청했습니다. 회사 인근 카페에서 코칭을 했는데 약

세 시간 동안 저는 거의 아무 말도 하지 못했습니다. 제가 말한 시간은 10분 정도 될까 말까 했습니다. 정말 죽을 지경이었습니다. 세 시간 동안 아무것도 하지 못하고 그냥 듣기만 했습니다. 그 회사에서 하고 있던 코칭이 잘릴 수도 있겠다는 걱정이 들었습니다. HR 최고 책임자를 코칭하면서 세 시간 동안 벙어리처럼 "아, 그러셨군요. 많이 힘들었겠네요." 그 말만 되풀이했습니다. 도저히 중간에 시간 컨트롤을 할 수 없었습니다.

집에 가서 생각해 보니 열 받았습니다. 내 코칭 실력이 이것 밖에 안 되나? 이런 생각들로 우울한 하루를 보냈습니다. 다음 날 오후에 장문의 카톡이 왔습니다. 어제 코칭했던 책임자였습니다.

"최근 3~4년 이래 어제 처음으로 깊은 잠을 잤습니다. 코치님은 대단한 코치입니다."

깜짝 놀랐습니다. '내가 뭘 했기에?' 생각해 보니 억지로 컨트롤하지 않고 끝까지 들어 주고, 대화를 마치면서 마무리 질문을 한 것이 주효했던 거 같았습니다. 3시간 정도의 코칭이 마무리될 즈음에 제가 물었습니다.

"고객님, 오늘 코칭을 통해 무엇을 느꼈습니까? 오늘 코칭을 통해 자신에 대해 알게 된 건 무엇입니까?"

저는 어떤 코칭이라도 이 질문을 반드시 합니다. 코칭이 잘되지 않았다고 생각되더라도 "오늘 코칭을 어떻게 마무리할까요? 코칭을 통해서 무엇을 느끼셨습니까? 오늘 코칭을 통해 무엇을 배웠습니까?"라고 묻습니다.

코칭의 각 단계에서 중요하지 않은 단계가 없겠지만 의식 확대 및 마무리하기는 코칭을 완전하게 만드는 단계입니다. 고객으로 하여금 코칭 전반을 돌이켜 보게 하고 스스로 이루어냈음을 확인하는 마무리 과정은 고객이 코칭의 주인이 되게 해줍니다.

안타까운 건 실전 코칭에서 이 과정을 생략하는 코치들이 많다는 것입니다. 시간에 쫓겨 고객에게 마무리를 요청하지 않고 코치가 마무리하는 겁니다. 이건 최악입니다. 고객이 코칭을 마무리하지 않고 코치가 코칭을 마무리하는 건 고객으로 하여금 코칭의 주인이 될 수 있는 기회를 뺏는 것과 같습니다. 코치는 코칭 전반을 관리하면서 고객이 주인이 되어 코칭을 마무리할 수 있는 시간을 확보해야 합니다. 정말로 시간에 쫓길 때도 '오늘 코칭 어떠셨습니까?'라는 질문만이라도 반드시 해야 합니다. 고객이 코칭의 주인이 되게 해야 합니다.

지금까지 DSA 대화모델에 대해 살펴보았습니다. 이 단계에서는 대화모델의 구조를 이해하고 해당 단계의 질문을 암기하는 것이 공부의 핵심입니다. 그런데 대화모델만 알고 있고 코칭 역량이 없으면 마치 윤활유 없이 달리는 자동차처럼 코칭이 뻑뻑하게 진행될 수 있습니다. 대화모델에 핵심역량을 탑재해야 비로소 자연스럽고 편안하게 코칭할 수 있습니다. 다음 장에서는 어떤 역량이 필요한지 살펴보겠습니다.

국제코치연맹에서는 '적극적으로 경청하기'를 코칭 핵심역량의 중요한 항목으로 규정하고 있습니다. ICF는 적극적 경청을 다음과 같이 정의합니다.

적극적 경청: 고객이 말한 것과 말하지 않은 것에까지 집중하여 고객이 처한 맥락에서 드러나는 모든 걸 이해하고, 고객이 스스로 표현하도록 지원하는 것.

국제코치연맹은 적극적 경청을 위해 다음과 같이 해야 한다고 말합니다.

1. 고객이 말하는 맥락, 고객이 가진 독자적인 성향, 고객의 상황, 고객이 한 경험, 가치와 신념을 고려하여 고객의 말에 대한 이해도를 높인다.
2. 고객의 말을 그대로 반영하거나 요약하여 명확하게 하고 이해를 높인다.
3. 고객에게 말 그 이상의 무언가가 더 있을 때 그걸 알아차리고

질문한다.

4. 감정, 에너지 변화, 비언어적인 표현 등 고객의 어떤 행동들에 대해 알아차리고 알아차린 것을 고객에게 알리며 탐구한다.

5. 고객이 사용하는 단어, 고객의 목소리 톤, 몸짓을 통합적으로 들음으로써 고객이 하는 말의 모든 의미를 밝힌다.

6. 세션 전반에 걸쳐 고객의 행동과 감정의 양상을 파악하여 주제와 패턴을 포착한다.

이에 대해 이 책에서는 다음 3가지에 집중했습니다.

1. 고객이 말한 것과 말하지 않은 것을 모두 듣는다.

2. 맥락을 듣는다.

3. 고객의 말을 그대로 반영하거나 요약하여 명확하게 하고 이해를 높인다.

내가 본 그 사람

우리는 끊임없이 평가하고 판단하면서 살아갑니다.

'저 사람, 왜 저래?'
'저 사람은 의식 수준이 저것 밖에 안 돼!'
'저 사람은 너무 부정적이야~'

그런데 이런 평가는 그 사람의 실체라기보다 내가 본 그 사람입니
다. 내가 해석한 그 사람입니다.

제가 코칭하는 고객 중에 40대 중반의 사람이 있습니다. 2주일에
한 번씩 코칭해서 모두 6번을 코칭합니다. 그러면 저는 그분의 40년
인생 중에서 딱 6시간 동안 만나게 됩니다. 그 6시간을 통해 그 사람

을 해석하고 판단합니다. 답답한 노릇이지만 그래도 저에겐 달리 방법이 없습니다. 그렇다고 제가 본 게 틀렸다고 말하기도 어렵습니다. 제가 본 게 그 사람의 실체는 아닐지라도 저에게는 그게 전부이기 때문입니다.

다음은 어떤 엄마와 대학생 아들의 대화입니다.

엄마: 너, 친구들에게 그렇게 하면 안 돼!

아들: 엄마가 나에 대해 얼마나 알아? 엄마가 생각하는 나는 초등학교 6학년 때의 나야! 초등학교 6학년 이후에 내가 친구들과 어떻게 노는지 본 적도 없고 학교에서 어떻게 하는지 본 적도 없잖아~ 집에 와서도 엄마랑 대화도 몇 마디 안 했는데 엄마가 어떻게 나를 알아? 엄마가 생각하는 나는 초등학교 6학년 때의 모습이고 엄마 상상 속의 내 모습이야~

저는 이 대화를 들으면서 두 가지 생각이 동시에 떠올랐습니다. '아들이 똑똑하긴 한 것 같은데 싸가지가 없네~' 저는 본능적으로 그렇게 판단했다가 잠시 후 생각을 정리해 봤습니다. '근데, 나는 왜 아들이 싸가지가 없다고 생각하지?'

제 판단 기준이 있었습니다. 아들은 엄마에게 공손해야 한다. 안 그러면 싸가지가 없다. 그래서 아들이 싸가지 없다고 생각한 것입니다. 그런데 이건 제 판단이지요. 실제로 아들이 싸가지가 있는지 없는지는 모르는 일입니다.

사람은 누구나 자신의 가치판단 체계를 가지고 있습니다. 이를 멘탈모델(Mental Model)이라 합니다.

멘탈모델: 어떤 사실이나 현상에 대해 각자 가지고 있는 자신의 가치관, 가정, 신념 등의 체계.

사람은 누구나 자신의 멘탈모델로 해석하고 결론을 내립니다. 여기서 문제가 발생합니다. 말하는 사람의 멘탈모델과 듣는 사람의 멘탈모델이 서로 다르기 때문에 같은 말을 하면서도 서로 다르게 알아듣는 현상이 생기는 것입니다. 코칭에서는 이런 현상(말하는 사람과 듣는 사람의 해석 불일치 현상)을 극복하기 위해 단순한 '듣기'와 '경청'을 구분합니다.

- 듣기: 어떤 말이나 소리에 대해 별다른 의식 없이 자신의 멘탈모델에 의해 즉각적으로 반응하고 해석하는 것.
- 경청: 어떤 말에 대해 즉각적으로 반응하는 것이 아니라 의도적으로 주의를 기울여 듣는 것.

'듣기'가 단순한 청각 기능을 의미한다면 '경청'은 의도적으로 주의를 기울이며 듣는 것입니다. 그러나 우리가 아무리 주의를 기울여 듣는다 하더라도 자신의 멘탈모델에 의해서 들을 수밖에 없습니다. 여기서 바로 경청의 어려움이 발생합니다. 멘탈모델은 다음과 같은 이유로 경청을 어렵게 합니다.

- 자신의 주관대로 듣는다.
- 자신이 옳다고 생각한다.
- 자신의 해결책이 상대에게도 옳다고 생각한다.

우리는 모두 자신의 멘탈모델을 가지고 있기 때문에 멘탈모델이 서로 다른 사람들끼리 있는 그대로 듣는다는 건 본질적으로 불가능합니다. 코치도 마찬가지입니다. 고객을 있는 그대로 듣기 어렵습니다. 코칭에서는 이런 현상을 극복하기 위해 '판단 내려놓기(Egoless, 에고리스)'를 강조합니다.

판단을 내려놓는다

코치가 아무리 판단을 내려놓으려고 해도 코치도 어쩔 수 없이 자신의 주관대로 해석하고 판단하는 존재입니다. 어떤 말을 듣더라도 코치 자신의 멘탈모델을 통해 고객의 말을 들을 수밖에 없습니다. 그래서 자신의 판단을 내려놓는 노력을 해야 하는 것입니다. 코칭에서는 자의식이 강하고, 자기주장이 강한 사람을 '에고가 강하다'고 말합니다. 자기만 옳다는 주장과 판단을 에고라 부릅니다. 반대로 자신의 판단과 주장을 내려놓는 걸 에고리스(Egoless)라 합니다.

현대철학의 대가 후설(Edmund Husserl)은 이를 일러 '에포케(epoche)'라고 했습니다. 자신의 판단을 중지하고 대상과 만나라는 것입니다. 대상의 실체를 있는 그대로 알아차리기 위해선 자신의 판단을 내려놓는 '판단 중지'가 절대적으로 필요하다는 것입니다.

장자는 이를 일러 '심재(心齋)'라고 했습니다. 심재라는 말은 마음을 목욕재계한다는 말인데 마음을 굶긴다는 뜻입니다. 상대방과 소통하기 위해 내 판단을 내려놓는 것, 이게 바로 마음을 굶기는 '심재'입니다.

- 에포케(epoche) : 판단 중지
- 에고리스(Egoless) : 자신의 판단 내려놓기
- 심재(心齋) : 마음을 굶긴다, 판단을 내려놓는다.

그러나 현실적으로 판단을 내려놓는 건 어렵습니다. 어쩌면 불가능할지도 모릅니다. 그럼 어떻게 해야 할까요? 먼저, 에고를 내려놓는 일이 어렵다는 걸 순순히 인정하는 겁니다. 자신이 에고리스를 잘하고 있다고 생각한다면 그건 큰 문제입니다.

제 후배 중에 항상 강의를 잘하고 왔다고 자랑하는 친구가 있습니다. 그 후배를 보면 걱정이 많이 됩니다. 자기가 실력이 좋다고 생각하기 때문에 성찰하는 시간을 갖지 않을 거고 실력은 더 이상 향상되지 않을 것이기 때문입니다. 실제로 그 후배는 시간이 지나도 실력이 늘지 않는 거 같습니다. 반대로 매번 강의를 망쳤다고 말하는 후배가 있습니다. 이 후배는 지속적으로 실력이 향상되고 있습니다. 자기가 망쳤다고 생각하는 부분을 반성하기 때문입니다.

마찬가지로 자신이 에고리스를 잘하고 있다고 생각한다면 정말 큰 문제입니다. 더 이상 에고리스 하려는 노력을 하지 않을 것이기 때문

　　　　　　　　　　　　　　　　　　　　　　　　　　　　 마스터코치의 코칭 레시피

입니다. 에고리스는 정말 어렵다는 사실을 먼저 인정해야 비로소 에고리스 하려고 노력할 것입니다.

학생이 물었습니다.

"에고를 내려놓는 일이 정말 어렵습니다. 어떤 연습을 하면 좋을까요?"

에고를 내려놓는 건 영원한 숙제입니다. 어쩌면 죽을 때까지 안 될지도 모를 일입니다. 판단, 평가, 조언하지 않고 있는 그대로 보고, 있는 그대로 듣는 걸 에고리스라 합니다. 그러나 엄밀히 말하면 이것도 에고리스가 아닙니다. 자신이 스스로 에고를 내려놓았다고 생각하는 것 자체가 이미 자신의 판단이기 때문입니다. 이처럼 판단을 내려놓는 건 정말 어렵습니다. 그러나 포기하지 않고 계속 노력하면 조금씩 좋아질 수는 있습니다.

퇴근길에 전철을 탔는데 아주 복잡했습니다. 목적지에서 내리려고 하는데 너무 사람이 많아 뒤에 있는 사람에게 밀려 앞 사람을 밀치게 됐습니다. 그러자 앞 사람이 팔꿈치를 뒤로 제치면서 저를 강타했습니다. 저는 깜짝 놀라며 즉각적으로 '이 사람 왜 이래? 나도 밀려서 그런 건데, 그렇다고 팔꿈치로 가격을 해? 교양 없이!' 하는 생각이 들었습니다. 제가 이렇게 반응하는 건 자연스러운 현상이라 생각합니다. 그런데 문제는 그 사람은 가고 없는데 계속해서 화가 나는 겁니다. 그날 저녁을 아주 기분 나쁘게 보냈습니다.

그 사람도 저처럼 오랫동안 기분 나쁜 저녁을 보냈을까요? 아마도 아닐 겁니다. 생각해 보면 억울한 일입니다. 팔꿈치로 가격한 사람은 편안하게 지내고 가격 당한 사람이 오히려 오랫동안 기분이 나쁘니 말입니다. 무엇이 문제였을까요? 어떤 요인이 저를 괴롭혔을까요? 그 사람일까요? 아닙니다. 바로 제 판단입니다.

'어, 이 사람이 팔꿈치로 밀치네⋯.'

만약 여기서 제 생각이 멈췄다면 어땠을까요?

'이 사람, 교양이 없네!'

이런 생각이 더해진 것과 어떤 차이가 있을까요?

팔꿈치로 밀친 행동은 팩트지만 그 사람이 교양이 없다는 건 제 판단입니다. 실제로 그 사람이 교양이 없는지는 모를 일입니다. 어떤가요? 제가 기분 나쁜 게 팔꿈치로 밀친 팩트 때문인가요? 아니면 제 판단 때문인가요?

저는 일상에서 '저 사람 왜 저래?' 하는 판단을 하지 않으려고 노력합니다. 이런 판단을 적게 하면 할수록 마음이 편안해지기 때문입니다. 있는 그대로 보는 것과 판단이 가미된 것의 차이를 알아차리려고 노력하고 있습니다. 판단을 적게 하는 연습이 저를 조금씩 성숙시킵니다.

제 말을 듣고 '교수님은 불가능한 걸 우리에게 요구하시네'라는 생각이 든다면 그게 바로 판단입니다. '아~ 교수님은 저런 노력을 하고 있구나'라는 생각이 든다면 그게 바로 에고리스일 겁니다.

학생이 물었습니다.

"코칭할 때 에고를 내려놓는 것도 중요하지만 직관도 잘 활용해야 한다고 들었습니다. 직관과 에고를 구분하는 방법을 알고 싶습니다."

그냥 불쑥 튀어나오는 해석 이전의 자연스러운 느낌이 직관이라면 에고는 코치의 판단과 해석이 가미된 것입니다. 그러나 실제로는 직관과 에고의 차이를 구분하기 매우 어렵습니다. 직관은 불쑥 튀어 오르는 것이라고 했는데 에고도 불쑥 튀어 나오는 것이기 때문입니다. 그럼 어느 게 직관이고 어느 게 에고인가요? 이걸 구분해야 하는 이유가 무엇일까요?

그 이유는 오직 코칭의 성공을 위한 것입니다. 코치가 순간적으로 떠올린 직관이 고객에게 큰 도움이 될 수 있기 때문에 코치에게 자신의 직관을 믿고 직관을 잘 활용하라고 하는 것입니다. 직관은 하찮은 게 아닙니다. 직관은 코칭 상황에서, 그 순간에 가장 최적화된 게 떠오르는 것입니다. 코칭에 온전히 몰입할 때 코치의 경험과 지식 등이 함께 어우러져 불쑥 떠오르는 겁니다.

코치의 직관은 때로는 고객의 관점을 완전히 바꿔 주기도 합니다. 코치가 직관을 잘 활용하면 고객의 성공에 크게 기여할 수 있습니다. 주의할 점은 아무리 코치의 직관이 확실하게 느껴지더라도 고객이 아니라고 하면 얼른 내려놓아야 합니다. 집착해서는 안 됩니다. 코치가 자신의 직관에 집착하는 순간 곧 에고가 되고 맙니다.

직관과 에고의 차이를 잘 모르겠다는 후배 코치와의 대화입니다.

후배: 형님, 직관과 에고의 차이를 잘 모르겠어요. 어떤 차이가 있

나요?

나: 너, 지금 매우 초조해 하는 거 같은데, 맞지?

후배: 아닌데요.

나: 맞잖아~ 자신을 속이지 마!

후배: (억울한 표정을 지으며) 진짜로 아닌데요.

나: 이게 바로 에고야!

후배가 어리둥절해 했습니다. 제가 또 말했습니다.

나: 내 직감을 말해도 될까?

후배: 네. 얼마든지."

나: 내 직감엔 지금 네가 매우 초조한 것 같은데….

후배: 아닌데요.

나: 그렇구나. 아니구나~

후배가 웃었습니다. 제가 말했습니다.

"코치가 직관을 말했는데 고객이 아니라고 할 때 코치가 자기 생각을 고집하지 않고 '아니구나' 하고 거둬들이는 게 바로 직관이 에고가 되지 않게 하는 방법이야."

직관을 사용할 때는 주의해야 합니다. 다음 예시처럼 허락을 구하거나 조심스럽게 말해야 합니다.

'제 느낌에는…'

'제 직감을 이야기해도 될까요?'

'제 예감은…'

'한 가지 확인해 봐도 될까요?'

'제 생각에는 이런 게 아닐까 싶은데요.'

'이게 고객님에게 맞는지 확인해 볼까요?'

코치가 이렇게 말했을 때 고객이 아니라고 하면 코치는 자기 생각을 고집하지 않고 바로 거둬들이면 됩니다. 코칭할 때 불쑥 떠오르는 생각이 있으면 주저하지 말고 내뱉기 바랍니다. 고객에게 큰 도움이 될 수 있습니다. 불쑥 떠오르는 코치의 생각이 고객에게 도움이 될 수 있는데도 에고가 아닐까 염려되어 자체 검열하는 행위가 오히려 더 에고일 수도 있습니다.

코치가 불쑥 떠오르는 생각을 말했는데 고객이 아니라고 하면 그냥 거둬들이면 되는 것입니다. 이게 직관이 에고가 되지 않게 하는 방법입니다. 직관과 에고는 코치가 구분하는 것이 아닙니다. 고객에게 도움이 되는 순간 직관이 되고, 코치가 집착하는 순간 에고가 되는 것입니다. 직관은 '아니면 말고~'입니다.

사례를 살펴보겠습니다.

코치: TL이라는 게 무슨 뜻인가요?

고객: Technical Leader의 약자입니다. 그런데 우리는 TL을

Trouble Leader라고 부릅니다. 또 Trapped Leader라고 부르기도 합니다. 지금 저희들이 처해 있는 상황이 너무 어렵습니다. 저희는 부장급인데 임원들에겐 강요 받고 직원들에겐 도전 받고 있습니다. 함정에 빠진 곤란한 리더들입니다.

코치: 저는 고객님을 보면서 TL이 Trust Leader라고 느껴지는데요.

고객: 네? Trust Leader라고요?

코치: 그렇습니다. 고객님을 보면 그 단어가 생각납니다.

고객: 사실, 요즘 상황이 어렵긴 하지만 저는 상사와 부하들에게 신뢰 받는 리더가 되기 위해 노력하고 있습니다. 그런데 코치님이 그 말을 하니까 신기하네요.

코치: 그렇군요. 어떤 노력을 하고 있는가요?

고객: 제 스스로에게 질문합니다. '상사와 부하는 나에게 얼마나 만족할까? 그들은 나와 함께 계속 근무하고 싶을까? 그들은 나를 다른 사람들에게 추천하고 싶을까?' 이 질문들을 떠올리면 스스로 말과 행동을 조심하게 됩니다.

코치가 불쑥 내뱉은 Trust Leader에 대해 고객이 반응한 경우입니다. 직관이라고 할 수 있습니다. 반대의 경우를 보겠습니다. 같은 TL이었습니다. 똑같이 자신을 Trouble Leader, Trapped Leader라고 말했습니다.

코치: 제가 보기엔 TL의 뜻이 Trust Leader라고 느껴지는데요.

고객: 네? 그건 코치님이 우리들 사정을 잘 몰라서 하는 말입니다. Trust Leader라고요? 말도 안 됩니다.

코치: 아, 그렇군요.

코치는 자신의 말에 집착하지 않고 즉각 거둬들였습니다. 코칭은 다른 방향으로 진행됐습니다. 이 경우에 코치가 말한 Trust Leader는 직관이 아닙니다. 직관은 그냥 불쑥 튀어나오는 해석 이전의 자연스러운 느낌인데, 이 경우는 다른 고객에게 통했던 걸 가지고 지금의 고객에게 유도한 것이지요. 그래서 직관이 아니라 에고입니다. 그래도 고집하지 않고 즉시 거둬들인 건 잘했다고 생각됩니다.

말하지 않은 것도 듣는다

미국 UCLA 대학교의 심리학과 교수인 앨버트 매라비언(Albert Mehrabian) 박사는 커뮤니케이션의 구성 요소 중 옷차림, 용모, 인상 등의 시각적 이미지가 가장 중요하다는 이론을 발표한 바 있습니다. 매라비언 교수에 의하면 사람들이 의사소통할 때 단어를 통해서는 약 7%정도 밖에 뜻이 전달되지 못한다고 합니다. 어조, 억양, 음성 등의 소리적 요소를 통해 38%가 전달되고 나머지 55%는 제스처, 표정, 몸짓 등의 동작적 요소에 의해 전달된다고 합니다. 동작이나 어조 등을 제대로 듣지 않으면 그 뜻이 온전하게 전달되지 않는다는 것입니다. 이런 소리적 요소와 동작적 요소를 총칭해서 몸짓 언어(Body language)라고 합니다.

심리학자 프로이드는, 인간은 현재 의식의 지배를 10%정도 받고 나머지 90%는 무의식의 지배를 받는다고 했습니다. 두 학자의 이야기를 종합해 보면 우리가 표현하는 단어는 현재 의식의 지배를 받고, 몸짓 언어는 무의식의 지배를 받는다는 말이 됩니다. 그렇다면 우리가 상대의 몸짓 언어를 제대로 듣고 보지 못한다면 그 사람의 무의식이 말하는 건 듣지 못하는 게 됩니다. 고객이 말한 것과 말하지 않은 걸 모두 들으려면 '몸짓 언어'를 제대로 들어야 한다는 뜻입니다.

사례를 살펴보겠습니다.

코치: 조금 전에 말하면서 크게 웃으시네요?

고객: 아, 조금 전에 아들 이야기하면서요?

코치: 네, 지금 현재 상태를 이미지로 이야기하면서요.

고객: 아~~

코치: 엄청 크게 웃으셨어요.

고객: 제가 아들에겐 방 청소를 잘하라고 하면서 정작 저는 정리 정돈을 잘하지 않거든요. 그래서 현재 상태를 이야기하면서 아들에게 미안한 마음이 들기도 하고 스스로 쑥스러워서 나도 모르게 크게 웃었네요.

코치: 스스로 쑥스러웠다는 거네요. 지금 마음이 어떠세요?

고객: 아들에게 미안한 마음이 듭니다. 아들이 저에 대한 불만이 많을 거 같습니다. 아들도 지금 많이 힘들 텐데 아들 입장은 조금도 생각해 주지 않고 그냥 몰아세우기만 했네요.

코치: 그러시군요. 앞으로 어떻게 하고 싶으세요?

고객은 워킹 맘이라 아들을 잘 챙기지 못한 미안함이 내면에 있었고, 코칭을 통해 그 사실을 직면하고 여러 이야기를 나눴습니다.

고객이 웃을 때도 고객은 웃음으로 뭔가를 말하고 있다는 것을 알아야 하겠습니다. 또 얼굴이 붉어질 때는 표정으로 내면을 말하고 있음을 알아차리고, 고객의 몸짓 언어를 소홀히 하지 않아야 합니다.

또 다른 사례를 보겠습니다.

코치: 고객님, 지금 제스처를 많이 쓰네요.

고객: 아~~ 그래요?

코치: 이야기하면서 계속 큰 제스처를 썼어요. 이 제스처가 어떤 의미일까요?

고객: 아… 제가 무의식적으로 제스처를 썼나 봐요. 생각을 안 해 봤는데, 코치님이 그 질문을 하니까 이 이슈에 대해 내가 고민을 많이 하고 있구나. 이걸 빨리 해결하고 싶구나 하는 마음이 있다는 걸 알겠네요. 그런 마음들이 그렇게 큰 제스처로 나타난 것 같네요.

코치: 빨리 해결하고 싶은 마음이 큰 제스처로 나타난 거군요.

고객: 네.

또 다른 사례를 살펴보겠습니다. 고객이 어떤 상황을 설명하면서 '당당하지 못하다'는 표현을 무려 7번이나 했습니다.

코치: 조금 전에 '당당하지 못하다'는 표현을 여러 번 하셨는데 무슨 뜻인가요?

고객: 아~ 제가 그랬나요? 사실은 요즘 제가 스스로 당당하지 못한 삶을 살고 있습니다. 저의 가치관에 맞지 않는 일들을 하면서 상사의 눈치를 보고 있고, 그래서 스트레스를 무지 받고 있습니다.

코치: 당당하게 한다는 건 어떻게 하는 건가요?

고객: (환하게 웃으며) 아, 맞아요. 제 견해를 밝히는 겁니다. 내 생각에는 이런 게 문제가 있으니 다른 방법으로 처리하자고 말하는 거예요.

코치: 그렇게 하는데 예상되는 장애는 무엇일까요?

고객: 처음엔 조금 힘들겠지만 장기적으론 더 좋을 것 같아요.

(중간 생략)

코치: 오늘 코칭에서 무엇을 느꼈나요?

고객: 제가 당당하지 못하다는 표현을 무의식적으로 많이 쓰고 있었는데 코치님이 말씀해 주셔서 저의 내면을 성찰할 수 있는 기회가 됐습니다. 오늘은 마치 클리닉을 받은 느낌이에요.

고객이 '당당하지 못하다'는 표현을 무려 7번 했습니다. 고객이 여러 번 반복해서 말할 경우, 그 내면에는 강렬한 무엇이 있습니다. 코치가 고객이 사용하는 단어에 집중하고 포착했기 때문에 비로소 고객의 내면의 소리를 들을 수 있었습니다. 고객이 주로 사용하는 단어, 반복해서 말하는 단어는 고객의 무의식을 알려줍니다. 코치는 고객이 사용하는 단어뿐만 아니라 말하는 빈도, 강약, 어조 등도 집중해서 들어야 합니다.

또 다른 사례를 살펴보겠습니다. 코칭하는 도중에 고객의 얼굴이 붉어지는 걸 포착했습니다. 고객이 말을 마치고 난 뒤에 코치가 물었습니다.

코치: 아까 말씀 중에 얼굴이 붉어지셨어요.

고객: 아~ 제가 그랬나요? 사실은 제가 요즘 말 못할 부끄러운 일이 있어서요.

코치: 말씀하시기 곤란하면 말하지 않으셔도 됩니다.

고객: 아니, 코치님께는 말씀 드릴게요. 사실은 제가….

고객이 무엇을 불안해하는지 표정을 통해 알게 된 사례입니다. 고객이 말하지 않은 내면의 소리를 제대로 듣기 위해선 몸짓 언어를 잘 보고 들어야 합니다. 몸짓 언어를 듣는 방법은 다음과 같습니다.

- 고객이 눈빛으로 말하는 것을 알아차린다.
- 고객의 얼굴 표정에 나타나는 변화를 알아차린다.
- 고객의 어조를 알아차리고, 목소리 크기와 변화를 알아차린다.
- 고객의 자세와 제스처에서 나타나는 변화를 알아차린다.

고객은 몸짓 언어로 모든 것을 말합니다. 몸짓 언어를 알아차리지 못하면 고객의 내면을 제대로 알아차리지 못하고 표피적인 코칭에 그칠 가능성이 높습니다. 반대로 고객의 몸짓 언어를 알아차리는 건 고객의 내면으로 들어가는 열쇠를 얻는 것과 같습니다. 대체로 대박이 터집니다.

학생이 물었습니다.

"코칭할 때 코치가 '그럼에도 불구하고'와 '오케이~ 좋습니다~' 라는 표현을 많이 쓰던데 거슬리게 들렸습니다. 제 느낌일까요? 코치가 사용하는 언어에 대한 규정이 있는지요?"

아주 좋은 질문입니다. 사람마다 언어 습관이 있는데 코치도 예외는 아닙니다. 사람에 따라 어떤 표현에 대해 불편을 느끼기도 하고 또 그렇지 않은 사람도 있습니다. 질문처럼 '그럼에도 불구하고'라는 표현이 억지로 밀어붙이는 것으로 느껴지는 사람도 있으며, '오케이~ 좋습니다'라는 표현은 마치 윗사람이 아랫사람을 평가하는 말처럼 들리는 사람도 있습니다. 물론 전혀 그렇지 않은 사람도 있겠지요. 그래서 어떤 표현이 좋다거나 나쁘다거나 일률적으로 말하기는 어렵습니다. 다만 코치는 자기의 언어 습관이 어떤지, 어떤 표현을 주로 사용하는지에 대한 알아차림이 있어야 합니다.

어떤 사람은 '변화'라는 단어를 좋아하고 자주 사용하는 반면 어떤 사람은 '변화'라는 단어를 불편해하고 받아들이길 거부하기도 합니다. 그 사람이 사용하는 표현의 정확한 의미는 대화의 맥락을 통해 알 수 있습니다. 코치는 맥락적 경청을 통해 고객이 사용하는 표현의 의미와 개념을 파악해야 합니다.

다음 사례는 코칭 실습을 지도할 때 있었던 일입니다. 코칭을 처음 배우고 난 후에 서로 코치 역할을 바꿔가며 실습하는 상황이었습니다.

고객: 오늘 대화를 나누면서 느낀 건데, 제가 현재에 잘 집중하지 못했습니다. 앞으로 '지금 여기'에 더 집중할 수 있도록 노력해야 할 거 같아요.

코치: 'Here and now'에 더 집중하겠다는 말씀이군요.

고객: 코치님, 제가 '지금 여기'라고 했지 언제 'Here and now'라고 했습니까? 저는 영어 시험에 불합격해서 팀장 승진에서 두 번이나 누락됐습니다. 코치님이 영어를 쓰니까 그때 기억이 떠올라 에너지가 다운되네요.

코치: 앗, 죄송합니다. 저는 그런 뜻이 아니었는데….

고객: 네. 압니다. 코치님이 일부러 그런 게 아니라는 걸 잘 알고 있습니다. 그런데 저도 모르게 영어를 들으니까 에너지가 확 다운되네요. 뭐 코치님 잘못은 아니지만 말입니다.

저는 이 실습을 지도하고 난 후부터는 고객이 사용하는 단어에 더욱 집중하고 가급적이면 고객의 표현을 그대로 쓰려고 노력하고 있습니다.

강의할 때 참가자들에게 특정 단어를 제시한 후 그 제시어를 듣고 30초 동안 떠오르는 단어를 최대한 많이 적는 게임을 합니다. 주로 '사랑', '행복'이라는 단어를 제시합니다. 30초 동안 단어를 제일 많이 적은 사람에게 조그만 선물을 줍니다. 사람들은 30초 동안 대체로 15~20개 내외의 단어를 적습니다. 게임에 참여하는 사람이 20명 정도일 때 기록된 단어들을 확인해보면 공통적으로 똑같은 단어는 2~3개 밖에 되지 않습니다. '사랑', '행복'에 대한 생각이 그토록 다른 걸 보고 참가자들은 놀랍니다. 게임이 끝나고 나서 이 실습을 통해 무엇을 느꼈는지 묻습니다. 사람들은 말합니다.

"내가 말하는 단어와 상대가 말하는 단어가 같은 단어라도 서로 의미하는 뜻은 얼마든지 다를 수 있다."

같은 단어라도 의미하는 뜻이 다를 수 있는데, 다른 단어는 더욱 의미가 달라질 수 있습니다. 이게 바로 코치가 고객의 언어와 한 방향 정렬을 해야 하는 이유입니다. 다음의 예시처럼 코치가 고객의 표현을 마음대로 바꾸면 코치와 고객의 연결이 끊어질 수 있습니다.

고객: 회사를 때려치우고 싶습니다.
코치: 사표를 쓰고 싶군요.
고객: 회사 생활이 정말 짜증납니다.
코치: 회사 생활이 불편하시군요.
고객: 요즘 말도 안 되는 일을 많이 겪고 있습니다. 입사 이래로 이런 일은 처음입니다.

코치:　요즘 이상한 일을 많이 겪고 있군요.

코치와 고객이 사용한 단어에 미묘한 차이가 있습니다. 그런데 코칭에선 이 차이가 고객과 연결이 끊어지는 큰 차이가 될 수도 있습니다. 가급적이면 고객이 사용하는 표현을 존중하고 코치도 그 표현을 그대로 사용하는 게 좋습니다. 저는 고객이 하는 말이 욕만 아니면 고객의 표현을 그대로 사용합니다. 이렇게 고객의 언어에 맞추는 것을 '언어의 한 방향 정렬'이라고 합니다. 위의 대화를 고객의 언어에 한 방향으로 정렬하면 다음과 같습니다.

고객:　회사를 때려치우고 싶습니다.
코치:　회사를 때려치우고 싶군요.
고객:　회사 생활이 정말 짜증납니다.
코치:　회사 생활이 짜증나시는군요.
고객:　요즘 말도 안 되는 일을 많이 겪고 있습니다.
코치:　요즘 말도 안 되는 일을 많이 겪고 있군요.

언어의 한 방향 정렬을 하기 위해선 먼저 고객의 말을 주의 깊게 잘 들어야 하고 코치 자신이 하는 표현에 대한 알아차림이 있어야 합니다. 다음과 같은 방법을 통해 언어의 한 방향 정렬을 할 수 있습니다.

　　　　　　　　———— 마스터코치의 코칭 레시피

- 고객이 내린 정의나 단어 사용을 따릅니다.
- 고객의 경험에 맞는 단어, 표현, 비유를 사용합니다.
- 고객이 처한 상황에 맞게 언어를 선택합니다. 만일 고객이 승진했다면 축하하는 언어를 사용하고, 큰 손실을 보았다면 보다 신중하고 사려 깊은 언어를 사용하는 게 좋습니다.

이런 노력을 통해 더욱 효과적으로 고객의 성공을 도울 수 있습니다. 그런데 지금 질문한 내용은 코치가 이런 표현을 쓰니까 고객이 거슬렸다는 것입니다. 맥락에 따라 다르긴 하겠지만 제가 듣기에도 '그럼에도 불구하고'라는 말은 약간 강압의 느낌이 듭니다. 코치가 고객의 경험과 가치 등을 존중하면서 상황과 맥락에 맞는 표현들을 사용할 수 있도록 조금 더 세심한 주의를 기울였다면 하는 아쉬움이 듭니다. 언제 어디서나 적합한 표현은 규정되어 있지 않습니다. 다만, 고객의 언어와 한 방향으로 정렬된 언어는 있습니다.

이 사람은 어떤 사람일까요?

"저 사람은 맥락이 없어~"

혹은 이렇게 말합니다.

"그렇게 지엽적인 걸 따지지 말고 맥락을 좀 들으세요."

흔히들 하는 말입니다. 맥락을 듣는다는 건 일상생활에서도 매우 중요합니다. 명절 때 차가 막히니까 오지 말라는 부모님의 말씀은 비록 고생이 되겠지만 그래도 오라는 뜻이라는 걸 우리는 잘 알고 있습니다. 이때 맥락을 듣지 못하고 가지 않는다면 부모님이 서운해 할 것입니다.

마찬가지로 코칭에서도 고객이 말하는 맥락을 듣는 게 중요합니다. 맥락을 놓치면 고객이 진짜로 원하는 것이 무엇인지 알기 어렵습니다. 특히 욕구 표현을 잘하지 않는 고객의 경우는 더욱 그렇습니다. 고객이 뭘 원하는지 잘 알기 위해선 고객이 직접적으로 표현하지 않더라도 맥락을 통해 고객의 내면에 있는 욕구와 불안, 가치관과 신념, 상황 등을 알아차려야 합니다. 이렇게 듣는 것을 〔그림 4〕처럼 맥락적 경청이라고 합니다.

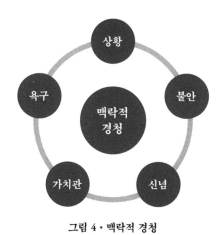

그림 4 · 맥락적 경청

〔그림 4〕에서 보는 것처럼 맥락적 경청은 고객의 상황, 욕구, 불안, 가치관, 신념 등에 대해 총체적으로 듣는 걸 말합니다. 맥락적 경청을 잘하기 위해선 다음과 같은 노력을 해야 합니다.

첫째, 고객이 직접적으로 말하지 않은 내면의 욕구를 듣습니다. 고객이 진정으로 원하는 게 무엇인지, 내면의 욕구를 파악해야 합니다. 고객의 내면의 욕구를 잘 알아차리려면 다음에 대해 호기심을 가지고 듣는 것이 효과적입니다.

- 고객은 이번 코칭을 통해 무엇을 얻고 싶을까?
- 그걸 얻으면 고객에게 어떤 이익이 있을까?
- 그걸 얻으면 고객의 삶이 어떻게 달라질까?
- 고객은 이번 코칭을 통해 무엇을 해결하고 싶을까?
- 그걸 해결하면 고객에게 어떤 이익이 있을까?
- 그걸 해결하면 고객의 삶이 어떻게 달라질까?

둘째, 고객이 말하지 않은 내면의 불안을 파악합니다. 고객이 무엇을 망설이는지, 무엇을 불안해하는지를 파악합니다. 욕구의 반대 측면이 불안입니다. 우리는 뭔가를 강하게 원하는 경우도 있지만 반대로 뭔가를 불안해하는 경우도 있습니다. 고객의 불안이 해소되지 않으면 코칭은 제대로 된 성과를 내기 어렵습니다. 코치는 다음 질문들을 통해서 고객이 뭘 불안해하는지 파악할 수 있습니다.

- 고객을 망설이게 하는 것이 무엇인가?
- 고객이 앞으로 나아가는 걸 가로막는 것이 무엇인가?
- 고객은 무엇을 참고 있는가?
- 고객이 하고 싶지만, 하지 않고 있는 것은 무엇인가?
- 말도 안 되는데, 하고 있는 것은 무엇인가?

셋째, 고객의 가치관과 신념을 듣습니다. 고객의 내면의 욕구를 파악하고 불안도 해소하여 코칭 목표를 달성했다고 가정해봅시다. 그

마스터코치의 코칭 레시피

런데 달성한 목표가 고객의 가치관에 위배된다면 어떻게 될까요? 낭패가 아닐 수 없습니다. 무작정 열심히 하는 걸 우리는 성실하다고 하지 않습니다. 가치관과 신념에 일치하는 행동을 열심히 하는 것을 '성실'하다고 합니다.

코치는 고객의 목표가 고객의 가치관에 일치하는 것인지 파악할 수 있어야 합니다. 다음과 같은 질문을 통해 그 목표가 고객의 가치관에 일치하는지 여부를 파악할 수 있습니다.

- 고객은 이 목표를 달성해 나가는 과정이 즐거운가?
- 고객의 목표는 자발적인가? 아니면 의무감(should)에서 비롯된 것인가?
- 다른 사람들이 알아주지 않는다고 해도 고객은 목표를 달성하고 싶은가?
- 이 목표는 고객의 가치관과 신념에 일치하는가?
- 이 목표를 달성하면 고객은 어떤 보람을 느끼는가?

넷째, 고객이 처해 있는 상황을 듣습니다. 고객의 상황은 고객의 행동에 곧바로 영향을 미칩니다. 고객의 상황을 무시한 코칭은 제대로 된 성과를 내기 어렵습니다. 그러므로 코치는 고객의 상황을 주의 깊게 파악해야 합니다. 상황은 현재 고객에게 어떤 일이 일어나고 있는지를 말해줍니다. 고객의 상황을 파악하기 위해 다음과 같은 질문을 할 수 있습니다.

- 고객은 현재 어떤 애로 사항이 있는가?
- 고객이 아무리 노력해도 잘되지 않는 것은 무엇인가?
- 지금 고객을 불편하게 하는 것은 무엇인가?
- 지금 고객에게 어떤 일이 일어나고 있는가?
- 고객은 지금 무엇을 참고 있는가?
- 어떤 일이 진척이 없는가?
- 고객은 어떤 노력을 게을리 하게 되는가?

맥락을 듣는다는 것은 〔그림 4〕와 같이 고객의 상황, 욕구, 불안, 가치관, 신념 등을 총체적으로 듣는 걸 말합니다.

학생이 물었습니다.
"과제를 읽고 이해하고 요약하는 과정이 수행하는 시간처럼 힘들기도 하지만 과제를 끝낼 쯤엔 배움도 있습니다. 그런데 시간이 지나면 까맣게 잊어버립니다. 자꾸 보면 생각이 나겠지요?"
제가 다른 학생들에게 물었습니다.
"지금 질문한 사람은 어떤 분인 거 같은가요?"
학생들이 대답했습니다.
"과제를 하기 싫어하시는 분." (웃음이 빵 터졌습니다.)
"공부한 내용을 잘 기억하고 싶은 분."
"더 잘하고 싶은 분."
저는 한 학기 내내 질문하는 사람에 대해 '이 사람은 어떤 분인 거

　　　　　　　　　　　　　　—— 마스터코칭의 코칭 레시피

같습니까?' 하고 학생들에게 물었습니다. 질문한 사람의 내면에 있는 욕구나 불안을 파악하는 능력을 키워 주고 싶었기 때문입니다. '질문을 받으면 즉각적으로 질문에 대답하지 말고 먼저 사람에 대해 대답하라'는 게 저의 훈련 방법입니다. 질문에 대답하지 않고 사람에 대답하라는 건 그 사람의 욕구, 불안, 가치관, 신념, 상황 등을 먼저 알아차리라는 뜻입니다. 이게 바로 맥락을 듣는 것이고 그 사람이 어떤 사람인지 알아차릴 수 있는 유용한 방법입니다.

학생이 말했습니다.

"공부할수록 코칭이 더 어렵습니다."

그 말을 듣고 다른 학생들에게 물었습니다.

"이 분은 어떤 분인 거 같습니까?"

학생들이 대답했습니다.

"정말 잘하고 싶은 분."

"코칭이 쉬운 줄 알고 전공을 선택하신 분." (웃음이 빵 터졌습니다.)

"공부를 못하는 분." (더 큰 웃음이 터졌습니다.)

"쉬운 방법을 알려 달라는 분."

"공부를 많이 하신 분."

"어렵다는 건 공부를 많이 했다는 뜻이니까 칭찬 받고 싶어 하시는 분, 위로 받고 싶어 하시는 분."

제가 말했습니다.

"안심이 되네요. 열심히 공부하면서도 겸손하군요. 열심히 공부하는데도 코칭이 어렵다는 말인데, 제가 볼 때 학생은 아주 잘하고 있어요. 학생의 겸손한 마음을 보니 앞으로 훌륭한 코치가 될 수 있을 것 같네요. 지금 비록 어렵더라도 포기하지 않고 계속 공부하면 좋은 일이 있을 것으로 기대됩니다."

'이 사람은 어떤 사람일까?' 생각하는 게 맥락을 듣는 것이고 그 사람을 듣는 것입니다.

학생이 말했습니다.

"경청, 공감, 인정이 잘 안 됩니다. 너무 어렵습니다."

이때 여러 가지로 대답할 수 있습니다. 최악의 대답은 이렇습니다.

"경청과 공감, 인정은 원래 어렵습니다. 초보에겐 당연히 어렵지요. 그냥 열심히 하세요. 열심히 하다보면 언젠간 잘될 겁니다."

그 학생을 평가하고 조언한 것입니다. 다음 대답은 최악은 아니지만 그래도 생뚱맞고 맥락에 맞지 않습니다.

"저도 잘 안 돼요. 내가 보기엔 학생은 그래도 잘하는 거 같은데요."

저는 학생들에게 말합니다. '질문에 대답하지 말고 사람에 대답하라.' 그러면 이런 생각이 떠오르게 됩니다. '이 분은 어떤 분일까?' 그때 떠오르는 말들이 질문에 대답하는 게 아니라 사람에 대답하는 것입니다.

제가 말했습니다.

"질문한 분은 공부를 열심히 하고 있군요. 공부를 안 하면 어려운 줄도 모르잖아요. 일상에서 대화할 때도 경청이 어렵다고 느꼈나요?

코칭 공부를 하면서 어렵다는 걸 느끼게 된 거잖아요. 그만큼 열심히 공부하고 있는 걸로 보이네요."

질문했던 학생이 말했습니다.

"교수님, 지금 맥락에 안 맞을 수도 있지만 원래 그렇게 말씀을 잘 하셨어요?"(웃음이 빵 터졌습니다.)

자기 욕구를 알아주니까 제가 말 잘하는 사람이 됐습니다.

입으로 듣는 경청

코치는 고객이 말한 것에 대해 중요하다고 생각되거나, 확인해야될 필요가 있거나, 성찰하게 할 필요가 있다고 생각될 때 고객의 말을 요약해서 되돌려 주면서 듣습니다.

- 이렇게 해야 된다는 말이군요.
- 그렇게 하면 안 된다는 말이군요.
- 이런 말이군요.

이렇게 듣는 걸 '입으로 듣는 경청'이라고 합니다. 이런 방법 중의 하나가 패러프레이징(paraphrasing)입니다. 패러프레이징은 고객의 이야기 속에서 욕구, 불안, 가치관, 신념, 상황 등을 듣고 간결하게 요약해서 다음과 같이 되돌려 주는 걸 말합니다.

- 조금 더 깊이 있게 추진해보고 싶다는 말이군요.
- 이 방법이 정확한지 아직 잘 모르면서 진행하는 게 걱정된다는 말이군요.
- 서로 의견을 존중하면서 소통해야 된다고 생각하시는군요.
- 리더는 직원들을 육성하는 일을 게을리해서는 안 된다고 믿고 계시는군요.

패러프레이징은 코칭 전반을 통해 아주 중요한 개념입니다. 코치의 패러프레이징을 통해 고객은 자기가 했던 말을 자기가 듣게 됩니다. 이렇게 하는 걸 반영해 준다고 하기도 하고 거울이 되어 준다고 말하기도 합니다. 패러프레이징은 고객으로 하여금 자기 말을 듣고 스스로 성찰하게 하는 효과가 있으며, 코치가 제대로 들었는지 확인하는 효과도 있습니다. 나아가 고객의 말을 판단하지 않고 있는 그대로 듣는 효과도 있습니다. 코치의 패러프레이징을 통해 고객은 존중받는다고 느낍니다.

코칭 장면에서 자주 등장하는 대화를 소개합니다.

고객: 저는 중간관리자인데 정말 낀 세대예요. 위에서는 압박하고 밑에서는 치받고 하니 어떻게 해야 할지 모르겠어요.

코치: 끼어 있다고 생각하시는군요. 많이 답답하시겠어요.

고객: 위에서는 전혀 자율권을 주지 않고 압박만 하고 밑에서는
시켜도 잘 안 해요. 스스로 찾아서 하면 좋을 텐데 정말 답
답해요.

코치: 위에서는 자율권을 주지 않고 밑에서는 스스로 찾아서 하지
않는군요. 많이 힘드시겠어요.

고객: 아~ 말도 마세요.~

패러프레이징의 사례를 또 보겠습니다.

코치: 그동안 어떻게 지냈어요?

고객: 좀 바쁘게 지냈습니다. 결혼하고 나서 지난주에 아버지 기
일이라 고향에 다녀왔습니다. 결혼 후 처음 맞는 기일이라
아내와 함께 고향에 가는 일이 의미가 있었습니다. 고향에
가서는 친척들을 만났습니다. 결혼식장에서 잠시 만나는 게
아니라 가까이에서 만나는 거라 아내가 많이 긴장됐을 텐데
차분하게 잘해줘서 고마웠습니다. 또 며칠 전에 장인어른과
장모님이 저희 집에 놀러 오셔서 하룻밤 주무시고 가셨습니
다. 아내가 다음주에 개학이라 준비할 게 많아서 힘들었을
겁니다.

코치: 많이 바쁘셨군요. 그런데도 계속 미소를 지으면서 말씀하시
는군요.

고객: 네. 어제 어머니와 통화했는데 아내가 고향에 내려갔을 때

집안일을 열심히 해서 기분이 아주 좋으셨나 봐요. 제가 결혼을 잘했다고 기뻐하셨어요. 또 작은 매형도 제가 결혼을 잘했다고 말해줬습니다. 기분이 정말 좋았습니다.

코치: 결혼 잘했다는 말을 들으니 기분이 좋았군요.

고객: 네. 하하하~~ 어제 퇴근하고 집에 와서 아내에게 그 말을 전했더니 좀 멋쩍어 하긴 했는데 아주 좋아했습니다.

코치: 아내가 멋쩍어하면서도 좋아했군요.

고객: 저에겐 가족이 진짜 소중하고 의미가 있거든요. 이렇게 새로운 가족이 만들어지니까 행복이 2배, 3배로 더 늘어나는 거 같아요. 그런데 아버지가 살아계셨으면 이 기쁨을 함께할 수 있을 텐데 하는 약간의 아쉬움도 있어요. 대신 아버지 산소에 가서 절하고 했으니까 직접 만나지는 못했지만 하늘에서 잘 보고 계실 거라고 생각하면서 아쉬움을 달랬습니다. 아버지가 하늘나라에서 저희 결혼을 축복해 주실 거라 생각해요.

코치: 아버님이 이 행복을 같이 누렸으면 좋겠는데 하는 아쉬움이 살짝 있다는 이야기네요.

고객: 네. 맞습니다.

코치: 그렇지만 아버님이 하늘에서 축복해 주실 거군요.

고객: 네~

코치: 요즘 아주 행복한 나날을 보내고 계시네요.

고객: 네. 하하하~~

반영하고 요약하면서 들을 때 고객의 모든 말을 앵무새처럼 따라 해서는 안 됩니다. 앵무새처럼 무작정 따라하면 고객이 기분 나빠 할 수도 있습니다. 어떤 의도를 가지고 요약하는 건 더욱 나쁜 결과를 초래할 수 있습니다. 평가하거나 의도하는 바 없이 있는 그대로 고객의 욕구, 불안, 가치관, 신념, 상황 등에 초점을 맞추고 핵심만 간결하게 요약해야 합니다.

저는 코칭에서나 일상생활에서 '입으로 듣기'를 실천하려고 노력하고 있습니다. 코칭에서는 패러프레이징을 통한 입으로 듣기를 하고 있으며, 일상에서는 간략하게 '그랬구나~ 힘들었겠네~ 짜증났겠네~ 신났겠다~' 하는 식으로 입으로 듣기를 실천합니다. 입으로 듣는 경청은 강력한 힘이 있습니다. 코칭에서 패러프레이징을 통한 입으로 듣기는 고객을 몰입하게 만들고 인정하고 칭찬하는 효과도 있습니다.

입으로 듣기를 하면 고객은 에너지가 올라갑니다. 코칭은 초점을 유지할 수 있고 좋은 성과를 낼 수 있습니다. 입으로 듣는 건 마치 만병통치약과도 같습니다. 코칭 스킬 중에서 제일 중요한 것 한 가지만 말해보라고 한다면 저는 주저하지 않고 '입으로 듣는 경청'이라고 말합니다.

일상에서 입으로 듣는 경청을 하면 사람들은 어떻게 그렇게 자기 마음을 잘 아느냐고 고마워합니다. 입으로 듣는 경청은 정말 많은 이익이 있습니다. 사람들과 대화하면서 상대가 고마워하고 신뢰가 깊어지면서 저는 믿을 만한 사람, 좋은 사람, 괜찮은 사람이 됩니다. 저

　　　　　　　　　　　마스터코치의 코칭 레시피

는 상대가 하는 말이 욕설이 아니라면 가급적 그 사람이 사용한 표현 그대로 입으로 듣기를 합니다. 세상에서 제일 재미있는 이야기는 자기 이야기라고 합니다. 그래서 상대가 한 말을 그대로 돌려주는 입으로 듣기는 그 사람에게는 세상에서 제일 재미있는 이야기를 들려주는 효과가 있습니다.

좋은 질문은 고객의 의식을 일깨워준다

효과적인 코칭을 위한 두 번째 역량은 '고객의 의식 일깨우기'입니다. ICF는 의식 일깨우기(Evokes Awareness)를 다음과 같이 정의합니다.

의식 일깨우기: 강력한 질문, 침묵, 은유나 비유 등의 도구나 기법을 통해 고객의 통찰과 배움을 촉진한다.

다음과 같이 하면 효과적으로 고객의 의식을 일깨울 수 있습니다.

- 가장 유용한 것이 무엇인지 결정할 때 고객의 경험을 고려한다.
- 고객에게 도전하여 고객의 인식과 통찰을 일깨운다.
- 고객의 사고방식, 가치, 욕구, 바람, 신념 등에 대한 질문을

한다.

- 고객이 늘 하던 생각을 뛰어넘어 탐색하게 하는 질문을 한다.
- 고객에게 지금 이 순간의 경험 그 이상의 것을 공유하도록 요청한다.
- 고객을 발전하게 하는 것에 주목한다.
- 고객의 욕구에 맞추어 코칭 접근방식을 조정한다.
- 고객의 지금 그리고 앞으로의 행동, 생각, 감정의 패턴에 영향을 미치는 요소를 찾도록 돕는다.
- 고객이 어떻게 하면 나아갈지, 그들이 기꺼이 하고자 하거나 할 수 있는 건 무엇인지 떠올릴 수 있도록 요청한다.
- 고객이 관점을 전환하도록 돕는다.
- 고객이 새로운 배움을 얻을 수 있도록 집착을 내려놓은 것, 관찰한 것, 통찰한 것, 느낀 것을 공유한다.

고객의 의식을 일깨우는 방법은 강력한 질문을 하는 것입니다. 이 책에서는 다음 3가지에 집중했습니다.

1. 성찰하고 탐색하게 하는 질문
2. 실행력을 높여 주는 질문
3. 관점을 전환하게 하는 질문

이에 대해 자세히 살펴보겠습니다.

질문은 고객으로 하여금 생각하게 만듭니다. 질문을 받으면 생각이 그쪽으로 흐르게 됩니다. 코칭을 시작할 때 꼭 해야 하는 질문이 있습니다. '이번 코칭을 통해 무엇을 얻고 싶은가요? 무엇을 해결하고 싶은가요? 어떤 애로사항이 있나요? 그게 어떻게 해결되기를 원합니까?'입니다. 이런 질문을 하면 고객은 생각하게 되고 적극적으로 말하기 시작합니다.

학생들에게 물었습니다.

"혹시 '어떤 사람이 되고 싶은가요?'라는 질문과 '지금 어떤 사람이 되어가고 있습니까?'라는 질문의 차이가 느껴지나요?"

잠시 침묵이 흐르고 난 후에 한 학생이 물었습니다.

"교수님은 지금 어떤 사람이 되어가고 있습니까?"

(웃음이 빵 터졌습니다.)

그 질문을 받은 후 오랫동안 제 머릿속에서 이 질문이 떠나질 않았습니다.

'나는 지금 어떤 사람이 되어가고 있을까?'

교장 선생님을 코칭할 때였습니다. 다음과 같이 물었습니다.

- 처음 교사로 임용되셨을 때 기분이 어떠셨어요?
- 무엇을 인정받아서 교장 선생님으로 승진하셨나요?
- 여태까지 만났던 교장 선생님 중에 닮고 싶은 분은 누구인가요?
- 여태까지 경험한 교장 선생님 중에 닮고 싶지 않은 분은 누구인

가요?

- 그 분들은 어떤 차이가 있었습니까?
- 학교에서 교장 선생님이 마음대로 할 수 있다면 무엇을 해보고 싶은가요?
- 정년퇴임을 했을 때 학생들에게 어떤 교장 선생님으로 기억되고 싶은가요?
- 후배 교사, 학부모, 자녀들에게 어떤 선생님으로 인정받고 싶은지요?
- 앞으로 남은 기간에 무엇을 해보시겠습니까?
- 오늘 코칭을 통해 무엇을 느끼셨는지요?
- 오늘 코칭을 통해 새롭게 알게 된 것은 무엇입니까?
- 오늘 코칭을 통해 관점이 전환된 것은 무엇입니까?

교장 선생님은 코칭을 하는 동안 눈물을 흘리셨습니다. 자기 성찰을 하면서 흘린 눈물이라고 했습니다. 코치의 질문을 통해 자신을 돌이켜볼 수 있었고, 교장으로서의 역할과 책임에 대해 인식의 전환이 있었다고 했습니다. 자신이 진정으로 원하는 게 무엇인지 알 수 있었고, 자신이 게을리 하고 있는 게 무엇인지에 대해 반성했다고 했습니다. 이 질문들은 교장 선생님에게만 국한해서 사용하는 것이 아니라 다양하게 활용할 수 있습니다. 교장 선생님뿐만 아니라 리더, 사회복지사, 종교인, 공무원, 대학교수 등 다양한 분들을 코칭할 때 적용해 보기 바랍니다.

좋은 질문이란 어떤 것인가?

학생이 물었습니다.

"어떻게 하면 좋은 질문을 할 수 있습니까?"

좋은 질문을 하기 위해선 다음과 같이 해야 합니다.

- 간결하게 질문해야 합니다.
- 닫힌 질문이 아닌 열린 질문을 해야 합니다.
- 맥락적 경청을 잘해야 합니다. 가장 좋은 질문은 맥락적 경청을 통해 나옵니다.
- 고객에 대한 호기심이 있어야 합니다.
- 유도 질문이 아닌 발견 질문을 해야 합니다.

이를 [그림 5]로 나타낼 수 있습니다.

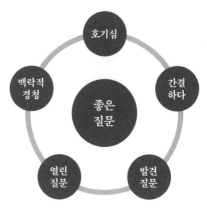

그림 5 · 좋은 질문

좋은 질문은 간결합니다

코치의 질문이 길다는 건 질문 속에 코치의 의도가 있다는 것을 의미합니다. 이른바 유도 질문입니다. 유도 질문에는 코치의 생각대로 고객을 이끌고 가려는 의도가 깔려 있습니다. 코칭을 지도하다 보면 '고객님이 이렇게 말했고, 이건 이렇고, 저건 저러니까, 그래서 어떻게 하고 싶은가요?' 하는 식으로 배경 설명을 장황하게 한 후에 질문하는 걸 목격합니다. 이게 바로 유도 질문입니다. 유도 질문을 하면 고객의 반감을 불러올 수 있습니다. 질문이 길면 유도 질문입니다. 장황하게 배경 설명을 하지 말고 간결하게 질문해야 합니다.

좋은 질문은 열린 질문입니다

닫힌 질문은 '예', '아니오'로 대답할 수밖에 없는 질문입니다. 고객의 마음을 닫게 만든다는 의미에서 닫힌 질문이라고 합니다. 예를 들어 이런 질문입니다.

- 이 방법이 최선이라고 생각하세요?
- 좀 더 적극적으로 행동해야 하지 않을까요?
- 시간이 더 필요한 거 같은데요. 그렇지 않나요?
- 다시 한 번 더 시도해 보지 않겠습니까?
- 좀 더 용기를 낼 수는 없나요?
- 이 방법에 동의하십니까?

반면에 열린 질문은 고객의 생각을 열어 주는 질문입니다. 고객의 생각을 열어 준다는 뜻에서 열린 질문이라고 합니다. 주로 '어떻게', '무엇을'이라는 단어를 사용합니다. '어떻게', '무엇을'이라는 질문을 받으면 고객은 예', '아니오'가 아니라 자신의 생각대로 자유롭게 말할 수 있습니다. 예를 들어 이런 질문입니다.

- 마음대로 할 수 있다면 지금 상황에서 '무엇'을 해보고 싶은가요?
- 지금 가장 필요한 게 '무엇'이라고 생각합니까?
- 그 상황을 개선하기 위해 '어떤' 걸 하고 싶은가요?

- 절대로 실패하지 않는다면 '무엇'을 해보고 싶은가요?
- 고객님이 지금보다 10배 더 용기가 있다면 '어떻게' 하고 싶은 가요?

학생이 물었습니다.

"반드시 열린 질문만 해야 합니까? 닫힌 질문은 하면 안 되나요?"

질문의 목적은 고객의 생각을 자극해서 고객이 스스로 인식하고 해결책을 찾을 수 있도록 돕는 것입니다. 대부분의 경우에 열린 질문이 효과가 있기 때문에 열린 질문을 하라는 것입니다. 그러나 간혹 맥락에 따라 닫힌 질문이 효과가 있을 때도 있습니다.

고객이 스스로 결정하지 못하고 다른 사람 핑계를 대면서 아무것도 하지 않고 주저앉아 있을 때가 있습니다. 이럴 때는 '지금 고객님은 누구의 삶에 대해 말하고 있나요? 이게 고객님이 진짜로 원하는 게 맞나요?' 하고 도전하기도 합니다. 이 경우에는 닫힌 질문도 강력한 효과가 있습니다. 코칭을 시작할 때 '지금 혹시 불편한 건 없습니까?' 하고 묻습니다. 이것도 닫힌 질문입니다. 닫힌 질문인데도 고객은 이 질문을 받으면 코치가 자신을 배려해 주고 있다고 느낍니다. 대부분의 경우 열린 질문을 해야 하지만 언제나 반드시 그래야 하는 건 아닙니다. 맥락에 따라 닫힌 질문도 효과가 있습니다.

좋은 질문은 맥락적 경청을 통해서 나옵니다

가장 좋은 질문은 맥락적 경청을 통해서 나옵니다. 우리가 배우고 있는 질문들은 기본적이고 보편적인 것들입니다. 고객의 생각을 자극하고 관점을 전환하게 하는 등의 목적을 가지고 있습니다. 이런 질문들은 모두 촉발제입니다. 질문을 통해 고객이 내면을 탐험할 수 있도록 촉발하는 것입니다.

고객이 질문에 대답하기 시작하면 고객의 내면이 드러나게 되는데 이때 코치가 맥락적 경청을 하면 고객에게 가장 도움이 되는 질문이 떠오릅니다. 이 질문을 맥락적 경청을 통해 나온 질문이라고 합니다. 맥락적 경청을 하면 다음과 같이 질문할 수 있게 됩니다.

- 조금 전에는 삶을 더 단순하게 하고 싶다고 했는데, 지금은 새로운 걸 더 많이 시도하고 싶다고 말씀하시네요?
- 지금 부끄럽다고 했는데 당당했을 때는 어떻게 했나요?
- 지금 상황에서 가장 용기 있는 행동은 무엇인가요?
- 지금 어두운 밤길을 헤매는 것 같다고 했는데 밝은 길은 어떤 건가요?

이런 질문들은 고객의 이야기 속에서 나온 질문들입니다. 고객의 상황, 욕구, 불안, 가치관, 신념 등을 제대로 듣는 맥락적 경청을 해야 이런 질문을 할 수 있습니다. 제가 자주 쓰는 질문 중에 '조금 더 자세하게 말해줄래요?' 하는 것도 밑도 끝도 없이 고객이 하는 모든 말에 대해 더 자세하게 말해달라고 하면 안 되겠지요. 이 질문도 맥락적 경청을 해야 언제 어떤 포인트에서 써야 하는지 알 수 있습니다. 맥락적 경청을 해야 그 상황에서 고객에게 가장 도움이 되는 질문을 할 수 있습니다.

좋은 질문은 고객에 대한 호기심에서 비롯됩니다

고객은 '문제 있는 사람'이 아닙니다. 해결해야 할 '문제를 가지고 있을 뿐'입니다. 사람은 보지 않고 문제 해결에만 집중하면 낭패를 당할 수 있습니다. 사람을 문제로 보지 않고 존재 그 자체로 보기 위해선 고객에 대해 호기심을 가져야 합니다. 제가 항상 강조하는 '문제를 보기 전에 먼저 사람을 보라'는 말도 그런 의미입니다. 고객에 대한 호기심을 가지고 먼저 사람을 본다는 것은 다음과 같은 질문을 코치 스스로 해보는 것입니다.

- 저 사람이 가치 있게 여기는 것은 무엇일까?
- 저 사람의 꿈과 비전은 무엇일까?
- 저 사람은 어떤 사람이 되고 싶을까?
- 저 사람은 어떨 때 충만감을 느낄까?
- 저 사람은 어떨 때 동기부여 될까?
- 저 사람은 어떨 때 힘들어 할까?
- 저 사람은 어떨 때 신이 나고 힘이 생길까?

사람에 대한 호기심을 가지면 해결책이 더욱 선명하게 보입니다. 코칭은 단기적인 문제 해결뿐만 아니라 고객의 장기적인 성장과 개발에 초점을 맞춥니다. 사람에 대한 호기심이 없으면 단기적인 처방 밖에 이끌어내지 못합니다. 고객의 존재 그 자체에 초점을 맞춘 호기심은 장기적인 성장과 단기적인 해결책을 동시에 찾는 방법입니다.

좋은 질문은 발견을 이끌어냅니다

발견 질문은 유도 질문에 대비되는 개념입니다. 유도 질문은 코치가 원하는 대답을 가지고 있으면서 그 방향으로 이끌고 가는 질문입니다. 유도 질문은 코칭을 망가뜨립니다. 유도 질문은 일상에서도 하면 안 됩니다. 관계를 망가뜨립니다. 반대로 발견 질문은 고객으로 하여금 스스로 발견할 수 있도록 해 주는 질문입니다. 이 책에서 소개하고 있는 질문들 대부분이 발견 질문입니다. 예를 들면 이렇게 질문하는 것입니다.

- 전문가가 이걸 본다면 어떤 방법을 제시하겠습니까?
- 고객님이 최고로 스마트한 상태라면 어떻게 하시겠습니까?
- 지금 그 생각이 오른쪽 개념이라면, 왼쪽 개념은 무엇일까요?
- 그 행동을 하면 무엇을 얻을 수 있습니까? 그 행동을 하지 않았을 때는 어떤 걸 얻을 수 있나요?

유도하지 않고 고객이 스스로 발견할 수 있도록 돕는 것이 발견 질문입니다.

성찰하고 탐색하게 한다

탐색 질문은 고객으로 하여금 여러 측면에서 생각해보게 하는 질문입니다. 탐색 질문을 하는 이유는 고객의 경험 속에 답이 있고, 고객이 스스로 답을 찾을 수 있다고 믿기 때문입니다. 더 엄밀히 말하면 코치가 제시하는 답은 코치의 답이지 고객의 답은 아니기 때문에 고객이 스스로 답을 찾도록 해야 한다는 것입니다. 다음은 탐색 질문의 예시입니다.

- 예전에는 어떤 방법으로 했습니까?
- 잘 해결했을 때는 어떻게 했습니까?
- 어떻게 했을 때 잘 되지 않았습니까?
- 이것과 관련한 성공 경험은 무엇입니까?

- 이 상황이 지속된다면 어떻게 되겠습니까?
- 사용하지 않고 있는 자원이 있다면 무엇입니까?
- 활용할 수 있는 기회는 무엇입니까?
- 이번 일을 통해 무엇을 배웠습니까?

코칭은 고객의 경험을 현재의 문제를 초래한 '나쁜 무엇'으로 간주하는 게 아니라 미래의 문제를 해결하는 데 '도움이 되는 자산'으로 생각합니다. 코치는 고객의 경험 속에 지혜가 있다고 믿습니다. 그래서 과거에는 어떻게 했는지, 어떻게 했을 때 잘 됐는지, 어떻게 했을 때 잘 되지 않았는지 등 과거의 경험을 통해 지혜를 이끌어 내려고 노력합니다.

코치는 고객의 과거 경험을 통한 지혜뿐만 아니라 고객이 현재 아무리 어려운 상황에 처해 있어도 현재 상황에 대한 탐색을 통해 해결책을 찾을 수 있다고 믿습니다. 그래서 현재 사용하지 않고 있는 건 무언지, 현재 그만두어야 하는 것은 무엇인지, 더 필요한 건 무엇인지 등 현재 상황을 탐색하는 것입니다. 또한 미래에 대한 기대를 살펴보면서 지혜를 얻기도 합니다. 앞으로 어떤 기회가 있겠는지, 어떻게 되고 싶은지, 더 용기가 있다면 무얼 하겠는지 등에 대한 탐색을 통해 지혜를 이끌어 내는 것입니다.

코치는 고객을 과거 - 현재 - 미래가 연결되어 있는 통합된 존재로 인식합니다. 과거의 경험이 현재에 녹아 있고, 미래의 모습이 현재의 기대 속에 살아있기 때문에 통합된 존재입니다. 고객으로 하여금 탐색하게 한다는 것은 고객의 과거 경험과 현재 상황, 미래에 대한 기대 등을 통합해서 살펴보게 한다는 뜻입니다.

학생이 물었습니다.

"실습할 때 탐색 질문이 거의 없습니다. 어느 시점에 어떻게 해야 하는 게 좋은지요?"

보통의 경우 실습 시간은 15분입니다. 시간이 빠듯합니다. 이 시간에 코칭 프로세스 전체를 다루기는 정말 어렵습니다. 탐색 질문을 하기도 어렵고 성찰 질문을 하기도 어렵습니다. 그래서 실습에서는 너무 빠른 답이 나온다고 푸념하는 사람도 있습니다. 그러나 제가 보기엔 자연스러운 현상입니다. 코칭 주제도 그렇고 프로세스도 실제 상황과 다를 수 있습니다. 그렇다고 실습이 의미가 없는 건 아닙니다. 실습을 통해 프로세스를 익히고 피드백을 주고받습니다. 서로 피드백을 주고받는 과정을 통해 발전합니다. 실습 때 주고받는 피드백을 통해 학생들이 성장하는 모습을 많이 보았습니다. 실습에서의 피드백은 앞으로 코치로 생활하는 데 있어 중요한 자산이 됩니다.

후배와 함께 워크숍에 참석한 적이 있습니다. 후배가 말했습니다.

"형님, 오늘 워크숍에 괜히 온 거 같네요. 하나밖에 들을 게 없네요."

제가 대답했습니다.

"우리가 오늘 워크숍에서 듣는 것마다 새롭고 모르는 것 투성이라면 우리가 문제 있는 거지. 강사로서 실력이 없다는 뜻일 테니까. 그런데 약간만 생각을 다르게 해보자. 우리가 오늘 하나 배운 건 다른 사람들이 하나를 배운 것과는 다를 거야. 우리는 강사니까 하나를 배우면 앞으로 강의하면서 얼마나 오랫동안 쓸 수 있겠니? 나는 워크숍에서 단 하나라도 배울 수 있다면 그 자체로 성공이라고 생각한다."

마찬가지입니다. 실습을 통해 하나를 배우면 앞으로 코치로서 생활하는데 소중한 재산이 될 것입니다. 하나라도 배울 수 있는 것에 초점을 맞춰야지 배우지 못한 것에 초점을 맞추지 않기를 바랍니다.

학생이 물었습니다.

"꼭 고객의 성찰이 있어야 좋은 코칭인가요? 실습할 때 자꾸 성찰한 걸 물으니까 힘듭니다."

제가 말했습니다.

"자꾸 성찰한 걸 물으니까 짜증이 나나 봐요?"(빵 하고 웃음이 터졌습니다.)

코치는 코칭을 시작할 때 고객에게 묻습니다.

"오늘 코칭을 통해 무엇을 얻고 싶은가요?"

이때 고객이 자신의 상황에 대한 성찰을 얻고 싶다고 하면 성찰이 일어나는 코칭이 좋은 코칭이겠지요. 그런데 고객이 오늘은 그저 인정받고 지지 받고 싶다고 하면 인정해 주고 지지해 주는 게 좋은 코칭일 겁니다.

코칭을 지도할 때 "오늘 어떤 시간이 되기를 원합니까?" 하고 물으면 다양한 대답이 나옵니다. 자신의 코칭에 대해 성찰하는 시간이 됐으면 좋겠다고 하는 대답도 있고, 인정받고 지지 받아서 자신감이 생기는 시간이 됐으면 좋겠다고 하는 대답도 있습니다. 멘토 코치로서 최대한 그런 시간을 만들려고 노력합니다.

그런데 이때 "아니야, 내가 보기에 당신은 지금 이론을 더 많이 공부해야 돼~ 지금은 성찰이나 인정받는 것보다 기초를 탄탄하게 하는 게 더 중요한 시기야"라고 말한다면 그건 멘토 코치의 에고입니다. 고객은 언제나 옳다는 말이 기억나는지요. 코칭 주제는 언제나 고객이 원하는 게 되어야 합니다. 멘토 코치가 생각하는 주제는 옳지 않습니다.

'오늘 코칭을 통해 어떤 성찰이 있었나요?'라고 묻는 게 부담된다면 '오늘 코칭 어떠셨어요?'라고 물어도 좋을 것입니다. 성찰이라는 단어를 꼭 집어서 사용하지 않더라도 고객은 언제나 성찰합니다. 성찰이라는 단어에 너무 부담감을 갖지 않았으면 좋겠습니다.

마스터코치의 코칭 레시피

실행력을 높여준다

코칭에서 최악은 고객으로 하여금 변명하게 만드는 것입니다. 코치는 고객의 성공을 돕기 위해 존재하는 사람입니다. 고객으로 하여금 변명하게 만들거나 후회하게 만들면 안 됩니다. 코칭 관계를 설명할 때 코치가 강력한 것이 아니라 코칭 관계가 강력한 것이라고 말했던 걸 기억하기 바랍니다. 고객이 스스로 앞으로 나아갈 수 있도록 도울 때 코칭 목표를 달성할 수 있습니다. 다음 질문들을 통해 고객이 앞으로 더 나아가게 할 수 있습니다.

- 앞으로 2년 동안 구체적으로 무엇을 달성하고 싶은가요?
- 지금 가장 먼저 무엇을 해야 할까요?
- 지금보다 더 용기가 있다면 무엇을 하겠습니까?

- 하고 싶었지만 하지 않고 있는 것은 무엇입니까?
- 또 무엇을 해야 합니까?
- 그래서 어떻게 하겠습니까?

학생이 물었습니다.

"고객이 앞으로 나아가지 못하고 망설이고 있을 때 교수님이 실전에서 자주 하는 질문은 무엇입니까?"

저는 이럴 땐 다음과 같은 질문을 자주 합니다.

- 고객님이 진짜로 원하는 것이 무엇입니까?
- 그래서 어떻게 하시겠습니까?
- 구체적으로 무엇을 하겠습니까?
- 또 무엇을 해야 합니까?
- 그리고? 또? 그 다음에는?

이 질문들을 할 때는 어조를 조심해야 합니다. 고객이 비난 받고 있다는 느낌이 들지 않도록 매우 부드러운 톤으로 질문하는 것이 포인트입니다. 고객이 비난 받는 느낌이 들지 않으면서 앞으로 더 나아가고 싶은 마음이 들도록 해야 합니다.

학생이 물었습니다.

"코칭은 스스로 해볼 수 있는 건가요? 누군가와 함께 해야 하는 건가요? 문득 자기 훈련을 해봐도 좋지 않을까 하는 생각이 들었습니다."

자기가 자신에게 하는 코칭을 셀프코칭(Self-coaching)이라 합니다. 셀프코칭은 아주 강력합니다. 자기가 묻고 자기가 대답하기 때문에 솔직하게 모든 걸 있는 그대로 드러낼 수 있습니다. 자기를 발견하고 성찰하고 새로운 다짐을 할 수도 있습니다. 자신의 내면을 있는 그대로 직면하면서 새로운 힘을 얻을 수 있고 자신이 무엇을 원하는지 분명하게 알아차릴 수 있습니다. 다만 셀프코칭은 자기 인식의 틀에서 자기 생각만으로 코칭을 하기 때문에 자신의 관점에 고정될 가능성이 있습니다. 스스로 더 나아가게 하는 강력한 힘이 되기 어려울 수도 있습니다. 강력한 실행력이 요구되거나 앞으로 더 나아가길 원하는 경우에는 셀프코칭보다 고객이 되어서 코치에게 코칭을 받는 게 더 좋을 수 있습니다. 셀프코칭은 이런 정도의 약점이 있긴 하지만 이쪽저쪽 다 생각해보면 그래도 셀프코칭은 아주 강력한 효과가 있습니다.

　학기 중에 셀프코칭을 하고 축어록을 작성해서 제출하는 과제를 냈습니다. 학생들은 정말 열심히 했습니다. 셀프코칭을 통해 자신을 있는 그대로 드러내고 솔직하고 깊이 있게 성찰했다는 걸 알 수 있었습니다. 학생들은 정말 색다른 경험을 했고 강력한 성찰이 있었다고 했습니다. 자신을 더욱 사랑하게 됐다는 학생도 있었습니다. 저는 학생들의 과제를 읽으면서 눈시울이 붉어지기도 했고 마음이 미어터지듯 아프기도 했습니다. 학생들의 마음이 오롯이 전해져 왔습니다. 저를 믿고 자신의 속살을 그대로 드러내 준 학생들에게 정말 고맙다는 마음이 들었습니다.

관점을 전환하게 해준다

고객이 한 가지 생각에 고정되어 다른 시각을 갖지 못할 때 새로운 가능성을 발견할 수 있도록 도와주는 질문이 관점 전환 질문입니다. 또 실행 계획을 세우는 단계에서 무엇을 해야 할지 생각나지 않을 때 관점 전환 질문을 통해 여러 방법을 떠올릴 수 있도록 도와주기도 합니다. 상자 안에 갇혀 밖을 보지 못하는 고객이 있다면 상자 밖으로 나와서 다양한 시각으로 볼 수 있게 해 주는 효과가 있습니다. 다음과 같은 질문들을 할 수 있습니다.

- 이 방법이 오른쪽 방법이라면 왼쪽 방법은 무엇입니까?
- 헬리콥터를 타고 하늘 위에서 이 상황을 보면 어떻게 보일까요?
- 10년 후에 이 상황을 돌이켜 보면 어떤 생각이 들까요?

- 고객님이 80세가 됐을 때 이 상황을 본다면 뭐라고 할 것 같습니까?
- 똑같은 상황에 있는 후배가 있다면 뭐라고 조언해 주겠습니까?
- 고객님이 제일 멋있을 때는 어떻게 행동하나요?
- 망원경으로 이 상황을 보면 어떻게 보일까요?
- 시계가 이 상황을 보면 뭐라고 할까요?

시계가 이 상황을 보면 뭐라고 하겠는지, 망원경으로 이 상황을 보면 어떻게 보일지 등을 묻는 게 대표적인 관점 전환 질문입니다. 다른 해결 방안이 어떤 게 있을지 브레인스토밍하는 과정에서 고객이 더 이상 생각나지 않는다고 할 때 이 질문을 통해 다양하게 생각할 수 있도록 돕습니다. 어떤 황당한 대답이 나와도 무방합니다. 관점 전환 질문은 특정한 답을 기대하면서 질문하는 것이 아니라 단지 고객의 생각을 자극해서 여러 관점에서 생각해 보게 하는 게 목적입니다. 고객이 고정관념에 사로잡혀 있을 때 다른 관점을 살펴보기 위해 사용하기도 합니다.

- 주변을 둘러보세요. 뭐가 보입니까? 그 관점에서 이 주제를 보면 어떤 생각이 듭니까?
- 또 뭐가 보이나요? 그 관점에서 본다면 뭐가 생각납니까? (경우에 따라서 이 질문을 여러 번 반복하기도 합니다.)
- 어떤 관점이 마음에 드나요? 그 관점에서 본다면 구체적으로

무엇을 하고 싶은가요?

관점 전환 질문을 배운 학생이 한 학기가 지날 때까지 이 질문이 불편하고 닭살이 돋아서 사용하지 못하겠다고 했습니다. 제가 말했습니다.

"얼마 전에 유행했던 '치킨은 살 안 쪄요. 살은 내가 쪄요'라는 광고가 기억납니까? 마찬가집니다. 질문 자체는 불편하거나 불편하지 않거나 하는 것이 아닙니다. 자신이 스스로 불편한 것입니다. 고객이 이 질문에 대답하기 어려울 것이라고 염려됩니까? 그건 기우입니다. 제 경우에 고객은 이 질문들을 재미있어 했고 관점이 전환되는 경험을 했습니다. 그럼에도 코치가 이런 관점 전환 질문이 불편하다고 생각하면 사용하기 어려울 것입니다. 관점 전환 질문이 불편하지 않을 정도로 익숙해질 필요가 있겠습니다."

친구 아들의 사례를 보겠습니다.

고등학교 2학년 겨울방학 때였습니다. 친구 아들이 휴학을 하겠다고 했습니다. 지금 실력이 안 좋으니 1년간 휴학해서 실력을 닦고 난 후에 3학년에 진학하겠다는 것이었습니다. 제 친구는 펄쩍 뛰었습니다.

"그건 패배 의식이야. 3학년 올라가서 열심히 했는데도 안 되면 그때 가서 재수를 하면 되는 거지. 휴학을 하는 건 해보지도 않고 미리 재수를 선택하는 것과 같아. 말도 안 된다. 그냥 일 년을 버리는 거다. 그건 패배자들이나 하는 짓이야."

친구는 저에게 자기 아들을 코칭해 달라고 했습니다. 저는 이건 설득이지 코칭이 아니라는 걸 잘 알고 있었지만 답답해하는 친구를 모른 척할 수 없어 친구 아들을 만났습니다.

코치: 오랜만이다. 잘 지냈니?

아들: 아~ 예. 뭐~ (제가 자기를 설득할 걸로 이미 알고 온 상태입니다.)

코치: 너, 이번에 길거리 농구에서 3등 했다면서?

아들: 아저씨가 그걸 어떻게?

코치: 너희 아버지가 자랑하던데….

아들: 우리 아버지가 제 자랑을 했다고요? 그것도 길거리 농구 잘했다고요?

코치: 근데 길거리 농구 3등이면 어떤 거니?

　　　(사실, 길거리 농구에서 3등은 대단한 실력이라고 합니다. 아들은 신이 나서 농구 이야기를 계속했습니다. 그리고 다른 잡담을 하다가 한 시간쯤 지났을 때 아들이 말했습니다.)

아들: 근데, 아저씨, 우리 이런 이야기만 해도 돼요?

코치: 왜? 염려되니?

아들: 우리 아버지가 저 설득해달라고 부탁하지 않으셨어요?

코치: 응. 그래. 부탁 받았어.

아들: 근데, 그 이야기 안 해도 돼요?

코치: 너, 아저씨가 걱정되는구나.

아들: 약간요. 우리 아버지가 워낙 극성이라 아저씨에게 불평할

거 같아서요.

코치: 그럼, 그 이야기해 볼까?

아들: 아니요~ (한참을 망설이다가) 근데, 어차피 이야기해야 될 거지금 해요.

코치: 그럼 우리 미래 여행을 한 번 해볼까?

아들: 미래 여행이요? 제가 여행 엄청 좋아하는데 어떻게 아셨어요?

코치: 눈을 한 번 감아볼래? 너 80세 생일잔치를 떠올려볼래? 옆에 누가 있니? 그 사람들이 너에게 뭐라고 축하해 주고 있니?

아들: (눈을 감고 한참 생각한 후에 말했습니다) 아내도 있고, 자녀들도 있고, 손주들도 있고, 친구들도 있습니다. 그들은 저에게 '잘 살아온 당신에게 존경과 축하를 드립니다' 하고 축하해 주고 있습니다.

코치: 지금 기분이 어때?

아들: 기분이 묘해요. 뭉클합니다.

코치: 지금의 너가 80세의 너에게 축하해 준다면 뭐라고 해 주고 싶니?

아들: 잘 살았다. 그동안 힘든 일도 많이 겪었지만 올바르게 살아오느라 수고 많았다(친구 아들의 눈시울이 붉어졌습니다).

코치: 그러면, 이제 80세의 너가 지금의 너에게 조언해 준다면 뭐라고 해 주겠니?

아들: (잠시 생각에 잠기더니 씨익 웃으며 말했습니다) 너무 염려하지 마

라. 용기를 가져라. 해보지도 않고 겁부터 먹고 도망가는 건 너답지 않다. 일단 3학년에 올라가서 열심히 하고 난 후에, 열심히 했는데도 안 되면 그때 가서 재수를 하면 되니까 미리 겁먹지 마라. 휴학하지 마라. 넌 잘할 수 있다.

아버지가 했던 말을 아들이 똑같이 했습니다. 설득하지 않고 관점을 80세로 옮겨 현재를 바라보자 아들의 관점이 달라졌습니다. 이렇게 코칭이 진행됐고, 친구 아들은 휴학하지 않고 3학년에 올라가서 그해에 대학에 진학했습니다.

학생이 물었습니다.
"MCC 수준의 질문은 어떤 것인가요?"
제가 대답했습니다.
"제가 하는 모든 질문이 MCC 수준의 질문이겠지요."
(웃음이 빵 터졌습니다. 제가 MCC 자격이 있기 때문입니다.)
한국코치협회와 국제코치연맹의 코치 자격에는 각 세 단계가 있습니다. 코칭 교육을 얼마나 받았는지, 코칭 실습 시간이 얼마나 되는지를 기준으로 단계별 자격시험 응시 기준을 정하고, 일정 기준을 충족한 사람에게는 필기시험과 실기시험을 거쳐 코치 자격을 인증하고 있습니다. 그중에서 제일 마지막 단계가 MCC입니다. 저는 여러 단계의 시험을 거쳐 오면서 각 단계마다 정해진 질문의 수준이 있다고 생각하진 않습니다.

코칭을 조금 공부하고 난 후에 이상한 현상이 발생합니다. 질문에 멋을 부리기 시작합니다. 강력한 질문을 하고 싶은 욕구가 생기는 겁니다. 그래서 기본적으로 공부했던 질문을 멋있게 바꾸려고 합니다. 일반적으로 잘 알려진 질문은 시시하다고 느끼는 것이지요. 큰 착각입니다. 저는 학생들에게 강조합니다.

"지금 우리가 공부하고 있는 질문들은 미국에서 코칭이 탄생한 지 40년 넘게 지금까지 살아남은 것들입니다. 살아남은 후에 바다를 건너와 우리에게 전해진 것들입니다. 그 정도로 가치가 있는 질문들입니다. 그렇지 않았다면 지금 우리에게 전해지지도 않았겠지요. 그러니까 멋 부리려고 하지 마세요. 지금 우리가 공부하고 있는 기본적인 질문들이 제일 강력합니다."

저는 MCC 자격을 취득한 뒤에도 기본 질문을 벗어나지 않고 있습니다. 맥락적 경청을 통해 맥락에 맞는 기본 질문을 간결하게 할 뿐입니다. 코칭을 할 때 '오늘은 관점 전환 질문을 해야지… 오늘은 성찰 질문을 해야지…' 이렇게 생각하면서 코칭을 시작하는 일은 없을 겁니다. 코칭을 하면서 어느 순간 문득 고객의 관점을 확장시켜야겠다는 생각이 들 때, 그때를 위해, 그 결정적 순간을 위해 평소에 질문을 익혀두는 것입니다. MCC 수준의 질문을 구태여 말한다면 그때그때 맥락에 맞는 기본 질문이 아닐까 합니다. 맥락에 맞는 기본 질문이 최고의 질문입니다.

어떤 단계이든 질문의 수준에 선행하는 것이 있습니다. 코치의 진정성입니다.

　　　　　　　　　　　　　　　 마스터코치의 코칭 레시피

경력 3년차 코치를 알고 있습니다. 그는 직장 생활을 30년 하고 난 후에 코칭을 공부해서 코치가 되었습니다. 이 분은 기업에서 선호하는 코치입니다. 고객의 피드백이 좋기 때문입니다. 고객들은 이 코치에게 많은 도움을 받았다고 말합니다. 그와 식사할 기회가 있었습니다. 식사하면서 제가 물었습니다.

"코치님의 코칭 성공 비결은 무엇입니까?"

그는 한참 생각하더니 말했습니다.

"코치 입장에서 코칭이 성공했다는 게 무슨 의미가 있겠습니까? 고객이 도움이 됐다고 말할 때 비로소 코칭이 성공한 거 아니겠습니까? 그래서 저는 코칭을 잘하려는 생각을 내려놓았습니다. 다만, 코칭을 통해 고객에게 어떤 도움을 줄 수 있는지에 집중합니다. 구태여 제 코칭 비결을 말한다면 고객의 성공을 간절히 원하는 것입니다. 어떻게 하면 고객에게 도움이 될 수 있을지를 먼저 생각합니다. 그러면 고객에 대한 호기심이 생기고, 고객의 말이 잘 들리고, 좋은 질문도 하게 됩니다."

질문의 수준이 아니라 고객의 성공을 얼마나 원하는지의 수준이 코칭의 성과를 결정한다는 말로 들렸습니다. 저는 집에 도착하자마자 휴대폰 바탕화면에 저장했습니다.

'어떻게 하면 고객에게 도움이 될 수 있을까?'

지금까지 DSA 대화모델과 코칭 핵심역량을 살펴보았습니다. 지금부터는 실전에서 DSA 대화모델을 활용하여 코칭하는 프로세스를 살펴보도록 하겠습니다.

저는 다음과 같이 〔그림 6〕의 순서로 코칭을 진행합니다.

Coaching Process

그림 6 · 코칭의 프로세스

1. Intimacy : 신뢰와 친밀감 쌓기

2. Agreement : 코칭 합의하기

3. Brainstorming : 실행 계획 수립하기

4. Closing : 의식 확대 및 코칭 마무리하기

Intimacy : 신뢰와 친밀감 쌓기

그동안 어떻게 지냈습니까?

첫 번째 세션에서 친밀감을 쌓는 방법에 대해서는 제1장에서 다뤘습니다. 이제 두 번째 세션을 살펴보겠습니다. 두 번째 세션부터는 거의 일반화된 패턴이 있습니다. 지난 세션 이후 다시 만나는 것이기 때문에 그동안 어떻게 지냈는지 안부 인사를 묻는 것으로 코칭을 시작합니다. '그동안 어떻게 지냈습니까?' 하고 질문합니다.

저에겐 이때부터 코칭이 시작되는 순간입니다. 고객이 어떤 이야기를 하더라도 준비되어 있습니다. 입으로 듣는 적극적 경청입니다. 고객의 말을 듣고 핵심을 간결하게 요약하고 반영해줍니다. 고객의 말에서 느껴지는 욕구를 발견하고 알아줍니다. 고객이 가치 있게 생각하는 것들을 들으면 인정하는 말을 해줍니다. 고객은 간단한 인사를 나누는 순간에도 자신의 말을 반영하고 요약해 주는 코치에게 존중 받는다고 느낍니다.

고객은 마음이 편안해지고 코치를 신뢰하게 되고 코칭을 시작할 준비가 갖추어집니다. 입으로 듣는 경청을 할 때 주안점은 고객의 '가치 알아주기(valuing)'입니다. 고객의 말 속에서 가치를 찾아내 말해 주는 것입니다. '밸류잉(valuing)'이라고도 합니다.

사례를 살펴보겠습니다.

코치: 그동안 어떻게 지냈습니까?

고객: 벌써 2주일이나 지났네요. 시간이 어떻게 지나갔는지 모를 지경입니다. 정신없이 바빴습니다.

코치: 많이 바쁘셨군요. 정신이 없을 정도로….

고객: 하하하~ 정신이 없지는 않았겠지만 그 정도라는 말입니다.

코치: 늘 열심히 하시던데 어떤 일로 그렇게 바빴나요?

고객: 이번에 조직 개편이 있었는데… 나이는 많은데 직급은 낮고 열정은 별로 없는 사람이 두 명이나 저희 부서로 왔습니다. 이들을 어떻게 동기부여하고 역량을 발휘하게 해야 하는지가 관건입니다. 정말 머리가 아플 지경입니다.

코치: 그런 분들에 대해서도 동기부여하고 역량을 발휘하게 하려고 노력하시는군요.(고객의 말 속에서 가치를 찾아서 말해 주는 밸류잉입니다.)

고객: 아~ 제가요? (한참을 망설이다가) 그런데 코치님, 이런 이야

기를 해도 될지 모르겠네요. 사실은….

고객에 따라 자신의 행동을 인정해 주는 코치의 진정성이 전해지면 그 순간 내면 깊숙이 잠재되어 있던 진짜 주제가 나타나기도 합니다.

다른 사례를 보겠습니다.

코치: 그동안 어떻게 지냈습니까?

고객: 신입사원을 집중적으로 케어하느라 약간 바빴습니다.

코치: 조금 자세하게 말해줄래요?

고객: 석 달 전에, 입사한 지 한 달밖에 안 된 신입사원이 회사를 그만둔다고 해서 면담을 했었습니다. 퇴사하려는 이유가 업무가 적성에 맞지 않아서라고 했습니다. 저는 깜짝 놀라서 말했습니다. '회사 일을 해보지도 않고 적성에 맞지 않다고 미리 단정 짓는 건 성급한 거 같다. 회사 일을 두루두루 경험해 보고 난 후에 결정해도 늦지 않다. 3개월의 시간을 줄 테니 그동안 여러 부서를 순회하면서 회사의 업무를 경험해 봐라.' 아무 일도 하지 말고 3개월 동안 그냥 회사를 경험해 보라고 했습니다. 3개월이 지난 후에 다시 면담하기로 했고, 그때도 퇴사하겠다는 생각이 변하지 않으면 그땐 말리지 않겠다고 했습니다. 이제 3개월이 지나 면담을 해야 해서 이것저것 자료들을 살펴보느라 조금 바빴습니다.

코치: 직원들을 많이 위하시는군요.

고객: 제가요?

코치: 일을 해보지도 않고 성급하게 그만두겠다는 신입사원에게 3개월이라는 시간 동안 경험할 수 있는 기회를 주셨고요.

고객: 직원 한 명 육성하는 게 쉬운 일이 아니거든요.

코치: 기회를 주고 기다리면서 마음이 편안하지 않았을 텐데, 직원을 육성하는 것이라고 생각하셨군요.

이렇게 고객의 말 속에서 가치를 찾아 알아주는 걸 '밸류잉'이라 합니다. 고객의 신뢰를 얻고 친밀감을 쌓을 수 있는 방법입니다.

지금 마음이 어떠세요?

그 다음엔 고객의 마음을 묻습니다.

"지금 마음이 어떠세요?"

이 질문에 대한 고객의 대답은 고객의 현재 상태를 잘 나타내줍니다. 고객은 자신의 마음에 대해 이야기하는 것에 익숙하지 않기 때문에 겸연쩍어하기도 합니다. 그러나 괜찮습니다. 고객의 마음을 분석하기 위해 이 질문을 하는 게 아닙니다. 이 질문은 고객을 존중하는 코치의 마음을 표현하는 것이고 어떤 이야기를 해도 된다는 코치의 '싸인'입니다.

고객이 어떻게 반응하는지가 중요한 게 아닙니다. 고객의 반응은 그 자체로 고객의 현재 상태를 나타냅니다. 고객의 마음을 묻는 질문은 코칭의 깊이를 더해 줍니다. 때로는 이 질문 하나만으로 고객은 내면에 있는 것들을 진솔하게 드러내기도 합니다. 이때도 잊지 말아야 할 것은 입으로 듣는 경청입니다. 고객이 어떤 말을 하든 코치가 입으로 듣는 경청을 하면 코칭은 깊이 있게 진행될 수 있습니다.

혹시 불편한 건 없습니까?

그 다음엔 '혹시 불편한 건 없습니까?' 하고 묻습니다. 대체로 없다고 대답합니다. 그러면 이어서 말합니다.

"코칭이 진행되는 중에 혹시 불편한 게 있으면 언제든지 말씀해 주세요."

고객은 그렇게 하겠다고 대답합니다. 이때 신뢰와 친밀감이 또 쌓입니다. 고객은 코치가 자신을 존중하고 있다고 느끼기 때문입니다.

"지금 마음이 어떠세요? 혹시 불편한 건 없나요?"

이런 질문을 하는 걸 불편해 하는 코치들이 있습니다. 이는 코치 자신의 내면이 정리되지 못하고 있을 가능성이 높습니다. 코치가 마음이 불편하면 이런 질문을 하기 어렵습니다. '지금 마음이 어떠세요?'라고 물었는데, '지금 기분이 별로 좋지 않습니다'라고 대답하면 어쩌지 하고 걱정된다면 이 질문을 할 수 없겠지요.

'혹시라도 불편한 건 없나요?' 물었는데, '불편해요' 대답하면 어쩌지 하고 걱정되면 이 질문을 하기 어렵습니다. 코치는 고객의 어떤 감정도 있는 그대로 존중하고 받아들일 수 있는 평온한 마음 상태로 코칭에 임해야 합니다. 스스로 성찰해 보기 바랍니다.

'나는 코치로서 이 질문들을 자연스럽게 할 수 있는가? 고객이 어떤 상태에 있더라도 있는 그대로 받아들이고 고객의 내면을 탐색할 수 있는 안정된 마음 상태로 코칭에 임하고 있는가?'

평상심(平常心)이 곧 도(道)라는 말이 있습니다. 평상심을 유지할 수 있으면 도를 깨달았다는 말입니다. 이때의 평상심은 '어떤 인위적인 조작이나 시시비비 없이 있는 그대로 받아들이는, 편견과 고정관념이 없는 마음'을 뜻합니다. 코칭에서 말하는 에고리스(Egoless)의 상태입니다. 코치가 판단을 내려놓은 에고리스 상태라면 고객의 어떤 감정도 존중하고 수용하고 인정할 수 있을 것입니다. 여러 번 말한 것처럼 질문 자체가 불편한 게 아닙니다. 자신이 불편한 것입니다. 고객의 말이 불편하게 느껴진다면 돌이켜 성찰해 보기 바랍니다.

'나는 왜 이걸 불편해 하지?'

어떤 것도 그 자체로 불편한 것은 없습니다. 내 판단과 해석이 가해져서 불편하게 느끼는 것일 뿐입니다.

학생이 물었습니다.

"신뢰와 친밀감 쌓기를 할 때 '혹시 지금 불편한 거 없으세요?' 하고 질문해도 된다고 하셨는데 이 질문은 긍정 질문이 아닌 부정 질문으로 느껴지는데 부정 질문을 해도 괜찮은 건가요?"

이는 매우 중요한 개념입니다. 코칭에서 부정적인 것과 긍정적인 것이 무엇인지에 대한 개념을 먼저 이해해야 합니다. 긍정이란 무턱대고 잘될 것이라고 생각하는 게 아닙니다. 긍정은 무조건 좋게 보는 게 아니라 있는 그대로 보는 것입니다. 예를 들어 아이가 학교에서 마구 떠들고 장난치고 공부도 안 하는데 '그래도 잘 될 거야. 나중에 크면 잘 될 거야~' 하고 무조건 좋게 생각하는 건 긍정이 아닙니다. 긍정은 '우리 아이가 학교에서 공부도 안 하고 난리치고 있구나' 하는 상태를 알아차리는 것입니다.

학생이 질문한 것처럼 '혹시 지금 불편한 거 없으세요?'라는 질문에서 '불편'이라는 단어는 그 자체로는 긍정도 부정도 아닙니다. 그걸 받아들이고 해석하는 단계에서 부정이 되기도 하고 긍정이 되기도 하는 것입니다. '혹시 지금 불편한 거 없으세요?' 하는 질문은 고객의 현재 상태를 있는 그대로 받아들이고 직면하겠다는 코치의 용기입니다. 고객이 불편한 게 있다면 그걸 해소해야 원활하게 코칭이 진행됩니다.

코칭 진행 중에 혹시 불편한 점이 있으면 언제든 말해 주세요

이 말을 하는 것은 코치로서 고객을 위해 지금 이 순간 온전히 몰입하고 헌신하겠다는 선언입니다. '지금 나는 당신을 위해 여기 있습니다(I'm here for You)'라고 말하는 순간 고객은 마음이 편해지고 어떤 이야기를 해도 이해 받을 것 같은 느낌이 듭니다.

두 번째 세션부터는 매 세션마다 친밀감 형성 단계에서 다음과 같은 질문들로 코칭을 시작해 보기 바랍니다.

- 그동안 어떻게 지냈나요?

- 지금 마음이 어떠세요?

- 지금 혹시 불편한 건 없습니까?

- 코칭이 진행되는 동안 혹시 불편한 게 있으면 언제든 말해 주세요.

'고객과 함께 순간을 춤추라(dance in the moment)'라는 말이 있습니다. 이때의 모멘트는 단순한 순간이 아니라 변화의 순간을 말합니다. 정지해 있는 순간이 아니라 역동적으로 움직이는 순간입니다. 그러므로 고객과 함께 순간을 춤추라는 말은 변화의 결정적 순간을 알아차리라는 뜻입니다. 변화의 순간은 고객의 감정을 통해 가장 쉽게 드러납니다. 그래서 코칭을 시작하면서 고객의 마음을 묻는 겁니다.

사례를 살펴보겠습니다.

코치: 그동안 어떻게 지냈어요?

고객: 요즘 편안하고 재밌게 지내고 있습니다. 잘 아시겠지만 사내 벤처로 선정돼서 7월부터 팀장직에서 빠져나와 업무를 하지 않고 있습니다. 최근 한 달 동안 전자결재 사이트에 들어가면 결재 대기 건수가 제로여서 행복했습니다.

코치: 조금 자세하게 말해줄래요?

고객: 그동안 팀장 업무를 할 때 하루 평균 결재 건수가 90건에서 120건 사이였습니다. 결재하는 데만 하루에 두 시간 이상 걸렸는데 팀장직에서 빠져나온 뒤로는 결재 건수가 제로입

니다. 그 시간만큼 여유가 생겨서 제가 하고 싶은 일을 준비할 수 있어서 즐겁습니다. 사람들 만나는 것도 즐겁고….

코치: 결재 건수가 줄어서 여유가 생긴 시간에 하고 싶은 일을 하니까 재미있고 즐거우시군요.

고객: 네. 그동안 결재하느라 스트레스가 많았어요.

코치: 지금은 마음이 어떠세요?

고객: 편안합니다. 23년째 같은 회사를 다니고 있는데 제 인생에 이처럼 여유 있는 날들은 처음이에요. 당분간은 편안한 시간을 즐기고 싶은 욕구가 있습니다.

코치: 당분간이라고 하셨는데 조금 더 자세하게 말해줄래요?

고객: 지금은 사내 벤처 상태라서 7월부터 12월까지 약 6개월 동안은 회사 일을 하지 않으면서도 급여를 받습니다. 이 기간에는 수입에 대한 스트레스를 받지 않으면서 책도 읽고 연극도 보러 다니고 공연 기획에 대한 공부도 할 수 있기에 당분간이라고 말한 것입니다.

코치: 그래서 당분간이라고 하셨군요.

고객: 당장 내일이 내년 1월 1일이라고 생각하면 굉장히 불안할 거예요. 1월부터는 급여가 지급되지 않기 때문에 그때부터는 미래에 대한 불안이 생기겠지요. 그래서 1월 전까지 당분간 편안함을 즐긴다는 뜻입니다.

코치: 그렇군요. 지금 혹시 불편한 건 없으신지요?

고객: 괜찮습니다.

코치: 코칭이 진행되는 도중에 불편한 게 있으면 언제든 말씀해 주세요.

고객: 네.

코치: 오늘 어떤 이야기를 해볼까요?

학생이 물었습니다.

"코치로서 고객과 친밀감을 어느 정도 깊이로 쌓아야 하는지 그 기준이 궁금합니다. 학교에선 모두 아는 동기니까 친밀감이 쌓여 있는 상태인데 외부 고객은 낯설은 거 같습니다."

이 질문에 대답하기 전에 한 가지 묻겠습니다.

"가까이 있는 사람이라고 해서 반드시 친밀감이 높을까요? 과연 그런가요? 어떤 사람은 가까이 있지 않는 게 더 좋은 경우도 있지 않나요?"(빵 하고 웃음이 터졌습니다.)

다시 질문을 생각해 보겠습니다. 외부 고객은 낯설다는 게 무슨 의미일까요? 실제로 그렇다기보다 코치가 그렇게 생각하는 것입니다. 저처럼 직업 코치는 한 달에 몇 번씩 새로운 사람을 만나는데 고객을 낯설게 생각하면 제대로 된 코칭을 하기 어렵습니다. 물론 고객을 처음 만날 때 약간의 긴장감이 없는 건 아닙니다. 정확하게 말하면 약간의 긴장감이지 낯설다는 의미는 아닙니다.

코치는 고객의 성공을 위해 존재하는 사람입니다. 그렇다고 해서 코치가 고객과 사적인 관계를 맺는 건 아닙니다. 코치는 그 순간에 고객을 위해 함께 있겠다는 마음, 그 순간에 집중하고 몰입하고 헌신

하겠다는 마음만 있으면 됩니다. 코칭에서 말하는 친밀감은 사적으로 친하다는 개념이 아니라 고객을 위해 헌신하겠다는 코치의 진정성이 만들어내는 친밀감을 말합니다.

코칭을 시작하면서 고객의 마음을 편안하게 함으로써 코칭 환경을 만드는 '신뢰와 친밀감 쌓기(Intimacy)' 단계가 끝났습니다. 바쁘다고 해서 운동화 끈을 제대로 묶지 않고 달린다면 도중에 운동화가 벗겨지는 낭패를 당할 수 있습니다. 아무리 바빠도 운동화 끈은 묶고 달려야 합니다. 코칭을 시작할 때 신뢰와 친밀감을 먼저 쌓는 건 달리기 전에 운동화 끈을 단단하게 묶는 것과 같습니다.

Agreement : 코칭 합의하기

오늘 어떤 이야기를 해볼까요?

코칭 대화는 일반 대화와 달리 특정한 목적을 가진 대화입니다. 고객이 해결하고 싶은 것 또는 얻고 싶은 것 등의 목적을 달성하기 위해 코칭 대화를 합니다. 그래서 코칭 주제는 코치가 일방적으로 정하는 게 아니라 고객이 다루고 싶은 걸 정해야 합니다. 고객 스스로 어떤 문제를 해결하고 싶은지, 무엇을 얻고 싶은지, 철저하게 고객의 니즈에 초점을 맞춥니다. 이런 것들을 드러내고 정리하는 과정을 코칭 합의하기라고 합니다. 다음의 DSA 모델의 '발견을 격려하기'에서 공부했던 질문들을 활용해서 코칭 합의를 합니다.

- 오늘 어떤 이야기를 해볼까요?

- 오늘 코칭을 통해 무엇을 얻고 싶은가요?
- 오늘 코칭을 마쳤을 때 무엇을 얻고 싶습니까?
- 오늘 코칭의 성공을 어떻게 정의하겠습니까?
- 성공했다는 걸 어떻게 알 수 있을까요? 성공의 척도는 무엇입니까?
- 오늘 코칭이 성공하는 건 고객님에게 어떤 의미가 있습니까?
- 그걸 얻게 되면 어떤 점이 좋습니까?
- 코칭이 성공한 모습을 은유나 이미지로 표현해 보시겠습니까?

코칭 합의하기는 고객이 다루고 싶은 주제에 대해 고객이 진짜로 원하는 목표인지, 막연하게 그렇게 생각하고 있는 것인지, 목표의 근원을 살피는 작업입니다. 목표 너머의 목표를 발견하는 작업이라고도 합니다. 이 과정을 통해 고객이 가져온 주제가 진짜로 자신이 원하는 게 아니라는 걸 알게 되는 경우도 있습니다. 반대의 경우, 자신이 가져온 주제가 자신이 의식하고 있지는 못했지만 정말 간절하게 원하는 거라는 걸 알게 되기도 합니다.

코칭 합의하기는 고객의 진짜 욕구를 알아내는 작업입니다. 코칭 합의하기 질문은 거짓말 탐지기라고 코치들끼리 우스개로 말하곤 합니다. 고객이 진짜로 원하는 게 아닐 경우엔 이 질문들에 도저히 답을 할 수 없기 때문입니다. 코칭 합의하기는 고객의 목표 너머의 목표를 찾는 진실의 문을 여는 작업입니다. 코칭 합의하기를 하지 않고 코칭을 시작하는 건 문을 열지도 않고 들어가려 하는 것과 같습니다.

코칭이 삐걱거리고 어렵게 진행됩니다. 코칭이 성공하기 어렵습니다. 코칭 합의하기만 잘해도 코칭의 90%는 성공했다고 말할 수 있습니다.

사례를 보겠습니다.

코치: 오늘 어떤 이야기를 해볼까요?

고객: 제가 얼마 전에 임원으로 승진했습니다. 임원으로서 어떤 역할을 잘해야 하는지 알고 싶습니다.

코치: 임원으로 승진하신 거 축하드립니다.

고객: 감사합니다. 그런데 마음에 부담이 엄청 됩니다. 정말 내가 잘해 낼 수 있을지 걱정도 되고, 주위에서의 기대도 너무 크고요.

코치: 부담이 많이 되시는군요. 오늘 코칭을 마쳤을 때 무엇을 얻고 싶은가요?

고객: 임원의 역할에 대해 구체적으로 정리가 됐으면 좋겠습니다. 머릿속에 여러 가지 생각이 막 엉켜 있습니다.

코치: 오늘 코칭을 통해 임원의 역할에 대해 구체적으로 정리되길 원하시는군요.

고객: 승진하고 난 후에 부사장님께 인사드리러 갔더니 임원은 자기 인식(Self awareness)을 잘해야 한다고 조언해 주셨습니다. 그런데 이게 뭔지 감이 잘 잡히질 않습니다.

코치: 오늘 코칭에서 먼저 다루고 싶은 건 뭔가요?

고객: 오늘은 먼저, 임원에게 요구되는 역할이 무언지에 대해 구체적으로 정리가 되면 좋겠습니다.

코치: 그렇군요. 임원의 역할에 대해 구체적으로 정리되길 원하시는군요. 그렇게 되는 게 고객님께 어떤 의미가 있나요?

고객: 임원은 임시직인데 역할을 제대로 못하면 바로 집에 가야되잖아요(웃음). 임원의 역할을 제대로 잘한다는 건 오랫동안 일할 수 있는 거니까 생존과 직결이 됩니다.

코치: 그렇군요. 생존과 직결되는군요. 그럼 오늘 코칭이 성공한 모습, 임원의 역할에 대해 구체적으로 정리한 모습을 은유나 이미지로 표현해 보시겠습니까?

고객: 새털처럼 가볍고, 자신감이 충만한 상태? 날렵한 스포츠카를 타고 아우토반을 달리는 모습? 미래에 대한 불안 없이 자신감 있게 일할 수 있으니까 너무 좋을 것 같아요.

코치: 그러시군요. 여태까지 만난 임원들 중에서 닮고 싶은 임원은 누구인가요?

(닮고 싶은 임원의 모습을 떠올리고, 주변의 기대를 이야기하면서 코칭이 진행됐습니다.)

무겁고 어려운 주제는 없습니다

국제코치연맹 자격시험에 응시했을 때의 일입니다. 그때 심사관의 나이가 70대였습니다. 어떤 이야기를 해보고 싶은지 물었더니 '70년 동안 고생한 내 다리에 어떻게 보답할 수 있겠는지, 그것에 대해 코칭을 받고 싶다'고 했습니다. 머릿속이 하얘졌습니다.

'이게 무슨 말이야? 자기 다리에 대해 어떻게 보답할 수 있는지 코칭 받고 싶다고?'

속으로 화가 났습니다.

'어떻게 이런 주제를 가져와? 나를 골탕 먹이려고 작정했구먼!'

저는 잠시 호흡을 가다듬었습니다. 별 도리가 없었습니다. 그동안 공부한 대로 물었습니다.

"오늘 코칭을 마쳤을 때 어떤 걸 얻고 싶으세요?"

그랬더니 저에게 쏘아붙였습니다.

"틀에 박힌 질문하지 말고 그냥 답을 가르쳐 주세요."

순간 나는 '이 분이 오늘 나를 심하게 테스트하는구나!' 생각이 들었습니다. 다시 호흡을 가다듬고 물었습니다.

"오늘 코칭의 성공을 어떻게 정의하겠습니까?"

"내 다리에 보답하는 구체적인 방법을 분명하게 알게 되는 거지요."

그 이후 코칭이 잘 진행됐습니다. 코치가 그 상황에서 질문을 지어내려 하지 않고 기본 질문을 맥락에 맞게 하는 게 중요하다는 걸 다시 한 번 깨달았습니다.

이런 코칭을 한 적도 있습니다. 40세 중반의 남자로 위암 2기였습니다. 제가 먼저 물었습니다.

"오늘 어떤 이야기를 해볼까요?"

"제가 위암 2기인데 앞으로 어떻게 살아야 할지에 대해 코칭 받고 싶습니다."

저는 순간 당황했습니다. '어이쿠! 무슨 이런 무거운 주제를 가져왔어?' 잠시 망설인 후에 말했습니다.

"뭐라고 위로의 말을 해야 할지 모르겠습니다. 얼마나 심려가 많으십니까? 그럼에도 저를 믿고 이 주제를 꺼내주셔서 감사합니다. 오늘 코칭을 마쳤을 때 어떤 걸 얻고 싶으신가요?"

"코칭이 끝났을 때 제가 생각하고 있는 것들에 대해 확신을 가질 수 있었으면 좋겠습니다."

이렇게 코칭은 진행됐고 그 분은 앞으로 어떻게 살아야 할지에 대해 확실하게 정리됐다고 했습니다.

여기서 중요한 포인트는 코치가 답을 주려고 하지 않고 오늘 코칭이 끝났을 때 무엇을 얻고 싶은지 물었다는 겁니다. 고객이 이미 가지고 있는 답을 이끌어 낸 것입니다. 어떤 주제든 고객은 내면에 이미 답을 가지고 있습니다. 코치가 답을 주려 애쓸 필요가 없습니다. 코치의 답은 고객에게는 답이 될 수 없습니다. 그냥 고객에게 물으면 됩니다. 그럼 고객이 자신의 답을 끄집어냅니다.

무겁고 어려운 주제도 없지만 시시한 주제도 없습니다. 고객이 가져오는 주제는 고객의 무의식에 연결되어 있기 때문입니다. 어떻게 하면 방 청소를 잘 할 수 있을지에 대해 코칭을 받고 싶다는 고객이 있었습니다. 고객이 장난하는 걸로 느껴졌습니다.

'이 사람이 코칭을 장난으로 생각하는 건가? 뭔 이런 시시한 주제

로 코칭을 받겠다는 거지?'

잠시 망설이다가 제 생각을 내려놓고 고객에게 물었습니다.

"방 청소를 잘한다는 게 고객님에게 어떤 의미인가요?"

놀라운 대답이 돌아왔습니다.

"방 청소를 잘한다는 건 제 내면을 잘 청소하는 것과 같습니다. 저의 무의식에 있는 찌꺼기들을 말끔하게 비워내고 정갈한 생각들로 무의식을 정돈하는 것입니다."

코칭 주제가 시시하다거나 무거운 주제라거나 하는 건 코치의 생각입니다. 고객이 코칭 주제를 가지고 올 때는 나름의 이유가 있습니다. 고객이 가져 온 주제가 어렵거나 무겁게 느껴지면 '조금 더 자세하게 말해줄래요?'라고 묻고, 답을 주고 싶은 경우에는 '그게 어떻게 되기를 원합니까?'라고 묻기 바랍니다. 그 다음엔 고객이 알아서 합니다.

코치가 특정 주제를 어렵다고 생각하는 이유는 코치가 답을 주려고 하기 때문입니다. 코치는 항상 기억해야 합니다. '답은 고객의 내면에 있다. 코치는 답을 줄 수 없다. 코치는 고객이 답을 찾을 수 있도록 도움을 줄 수 있을 뿐이다.'

코칭 실습을 지도하면서 코칭 합의를 제대로 하지 않고 코칭을 진행하는 경우를 자주 목격합니다. 이렇게 되면 코치는 코칭을 하는 내내 진땀을 흘립니다. 이유는 간단합니다. 나아갈 방향을 합의하지 않았기 때문에 어디로 가야 할지 모르기 때문입니다. 고객에게 코칭의 성공이 무엇인지 묻지 않고, 코치 자신이 생각하는 성공을 향해 고객을 이끌고 가면 안 됩니다. 코치가 생각하는 성공과 고객이 생각하는 성공이 서로 다르면 코칭은 삐걱거리고 어려워질 수밖에 없습니다. 그래서 이런 말을 하게 됩니다.

- 이렇게 해보셨나요?
- 저렇게 해보면 어떨까요?
- 저는 이렇게 하니까 좋았습니다.
- 다른 사람들은 이렇게 합니다.

이런 조언들은 모두 코치의 에고입니다.

- 오늘 코칭의 성공을 어떻게 정의하시겠습니까?
- 오늘 코칭이 성공했다는 걸 어떻게 알 수 있습니까?
- 코칭의 성공을 어떻게 측정할 수 있습니까?

이 질문들은 코칭의 방향을 찾아주고 고객으로 하여금 스스로 답을 찾을 수 있게 해줍니다. 코치가 무언가를 하려고 애쓸 필요가 없습니다. 이 질문들을 적절하게 잘하면 코칭이 아주 자연스럽고 편안하게 진행됩니다. 편안하고 자연스럽고 방향이 맞는 코칭의 비결은 코칭 합의하기를 잘하는 것입니다.

학생이 물었습니다.

"코칭 실습을 할 때 '오늘 어떤 이야기를 해볼까요?'라는 질문을 받으면 머릿속이 온통 하얗게 변하는 거 같습니다. 이를 극복할 수 있는 방법이 있을까요?"

질문하신 분은 코치에게 잘 맞춰주고 싶은 분이군요. 코치에게 얼마나 잘 맞춰주고 싶으면 머리가 하얗게 되겠어요. 코칭 실습할 때 매번 다르게 코칭 주제를 정하는 건 정말 고역입니다. 충분히 이해가 됩니다.

'오늘은 어떤 주제로 코칭을 받아야 하지?'

코칭을 배우는 학생들의 일상적인 고민입니다. 늘 같은 사람과 코칭 실습을 하는데 늘 똑같은 주제로 코칭 받을 수는 없는 노릇이니까요. 그런데 사실은 어떤 주제로 코칭 받을지 생각하는 것 자체가 성찰이고 훈련입니다. 코칭 주제를 정하려면 '내가 무엇을 해결하고 싶지? 내가 무엇을 개선하고 싶을까? 내가 얻고 싶은 게 뭐지?' 생각해야 비로소 주제가 떠오릅니다. 그래서 코칭 주제를 생각하는 것 자체가 성찰이고 자기 훈련이라고 하는 것입니다.

이 질문을 하신 분은 이걸 극복하려고 애쓰지 말기 바랍니다. 이건 극복의 대상이 아니라 오히려 자기 성찰이 잘되고 있음을 확인해 주는 것입니다. 머리가 하얗게 될 때 이렇게 해보기 바랍니다.

"코치님이 코칭 주제를 물어보니까 지금 제 머리가 하얗게 변해버렸습니다. 어쩌면 좋지요?"

이렇게 말하는 것이 상대 코치를 골탕 먹이는 게 아닙니다. 내 입장에서는 솔직하게 나의 상태를 보여주는 것이고, 상대 코치는 이를 경험하고 훈련하는 귀중한 시간이 될 수 있습니다. 만약 저에게 고객이 이렇게 말한다면 어떻게 할지 생각해 봤습니다.

코치: 오늘 어떤 이야기를 해볼까요?

고객: 코치님이 코칭 주제를 물어보니까 지금 제 머릿속이 하얗게 변해버렸습니다.

코치: 아~ 그러시군요. 고객님은 코칭 주제에 대해 아주 진지하게 생각하시고 이 코칭 시간을 소중하게 여기시는군요.

고객: 아~ 그런 건가요?

코치: 이 시간을 소중하게 여기고 코치의 질문에 깊이 고민하시는 고객님께 감사드립니다.

고객: 그렇게 말해 주니까 조금 안심이 되네요. 고맙습니다.

코치: 그런데 머릿속이 하얘진다는 게 어떤 건지 조금 자세하게 말씀해 줄 수 있을까요?

이렇게 할 것 같습니다. 이 질문을 한 학생에게 말씀드립니다. 이렇게 고민하는 것 자체가 코치로서의 성장입니다. 극복하려고 애쓰지 말고 계속 경험해 보기 바랍니다.

조금 더 자세하게 말해줄래요?

학생들이 제가 가장 좋아하는 질문이 무엇인지 물었습니다. 곰곰

이 생각해 보니 저는 '조금 더 자세하게 말해줄래요?'라는 질문을 제일 많이 사용하는 거 같습니다. 예를 들어 보겠습니다.

코치: 그동안 어떻게 지냈습니까?

고객: (대답)

코치: 지금 혹시 불편한 건 없으신가요?

고객: (주로 없다고 대답함)

코치: 코칭이 진행되는 동안 혹시라도 불편한 점이 있으면 말씀해 주세요.

고객: 네.

코치: 오늘 어떤 이야기를 해볼까요?

고객: (고객이 하는 이야기가 무슨 내용인지 잘 모르겠고 초점이 잡히지 않습니다.)

코치: 조금 더 자세하게 말해 줄래요?

고객: (고객은 자세하게 말하기 시작합니다.)

고객의 이야기가 잘 이해되지 않거나 초점이 잡히지 않을 때, 고객이 무언가 하고 싶은 말이 있다고 느껴질 때, 고객이 망설이고 있을 때 저는 '조금 더 자세하게 말해 줄래요?'라고 요청합니다. 고객이 자신의 상황에 대해 스스로 더 살펴볼 수 있도록 하기 위해서입니다. 고객이 아직 보따리를 풀지도 않았는데 코치가 그걸 가지고 마음대로 정리하고 요약하는 건 지시문을 다 읽지도 않고 수학 문제를 풀려고 덤벼드는 것과 같습니다. 보통의 경우 지시문에 답이 있듯이 고객의 이야기를 충분하게 들으면 그 속에 답이 있습니다. 충분하게 듣고 난 후에 정리해야지 무턱대고 정리하려고 하면 안 됩니다.

'지금 이야기한 내용을 한 문장이나 한 단어로 말해보겠습니까?'라는 질문이 대표적으로 잘못 사용되고 있는 것입니다. 이 질문은 고객이 많은 것들에 대해 이야기했는데도 정리가 잘 되지 않아서 그걸 정리할 필요가 있을 경우 고객으로 하여금 스스로 정리하게 할 때 사용하는 질문입니다.

코칭 시작 단계에서 고객이 아직 제대로 이야기를 시작하지도 않았는데, 정작 제대로 보따리를 풀지도 못했는데 코치가 한 문장이나 한 단어로 말해달라는 건 고객의 내면을 더 이상 탐험하지 않겠다고 선언하는 것과 같습니다.

수렴과 발산이 어떻게 다른지 생각해 보기 바랍니다. 한 문장으로 말해달라는 건 수렴이 필요할 때 사용하는 요청입니다. 발산은 무언가 더 끄집어내고 확산해야 할 필요가 있을 때 사용합니다. 발산이 필요한 초기 단계에 이런 요청을 하는 건 마치 톱으로 못을 박으려 하는 것과 같고 망치로 나무를 자르려고 하는 것과 같습니다.

'조금 더 자세하게 말해 주세요'라는 요청은 발산이 필요한 단계에서 사용하는 것입니다. 조금 더 자세하게 말해달라고 요청하는 건 코치가 고객의 이야기에 호기심을 가지고 있음을 보여주는 것이고 고객의 이야기를 끝까지 잘 듣겠다는 표시이기도 합니다. 이 요청은 강력한 힘이 있습니다. 고객의 마음을 편안하게 해 주고 고객이 마음을 있는 그대로 드러내게 해줍니다. 일상생활에서도 마찬가지입니다. '조금 더 자세하게 말해줄래요?'라고 요청해 보십시오. 마법 같은 일이 일어날지도 모릅니다.

지금 코칭이 제대로 가고 있습니까?

그리고 이런 질문도 자주 사용합니다.

"지금 우리 코칭이 고객님이 원하는 방향으로 제대로 가고 있습니까?"

코칭의 초점을 유지해 주는 강력한 질문입니다. 고객이 주제를 벗어난다고 느껴질 때 '그게 코칭 주제에 맞는 건가요?' 이렇게 한다면 고객은 비난을 받는다고 생각할 수 있습니다. 이럴 때 요긴한 질문이 바로 '지금 우리 코칭이 제대로 가고 있나요? 고객님이 원하는 방향으로 코칭이 진행되고 있습니까?' 하고 묻는 것입니다.

코칭 주제를 벗어나 있을 때도 "네, 맞습니다"라고 대답하는 고객이 가끔 있긴 하지만 그래도 금방 원래의 주제로 돌아옵니다. 원래 주제대로 코칭이 잘 진행되고 있다고 느껴질 때도 이 질문을 하면 고객은 존중 받고 있다고 느끼고 주제에 더욱 초점을 맞추는 효과가 있습니다. 코칭 중간에 꼭 사용해 보기 바랍니다.

코칭 합의를 하려고 해도 고객이 스스로 코칭의 성공에 대해 정리가 안 되는 경우도 있습니다. 어쩌면 항상 그럴지도 모릅니다. 그래서 코칭 합의 과정이 더욱 중요합니다. 사례를 살펴보겠습니다.

코치: 오늘 어떤 이야기를 해볼까요?

고객: 글쎄, 어떤 이야기부터 해야 할지 모르겠네요. 지금 머릿속에 많은 생각이 뒤엉켜 있어서….

코치: 조금 자세하게 말해줄래요?

고객: 지금 저의 회사 생활이 터닝 포인트에 있습니다. 어떻게 해야 할지 결정을 내리지 못하겠습니다. 장기적인 관점에서 어떻게 회사 생활을 해야 할지에 대해 코칭 받아야 할지, 당장의 문제에 대해 코칭을 받아야 할지 모르겠습니다.

코치: 당장의 문제에 대해 코칭 받아야 할지 장기적인 관점의 생활에 대해 코칭 받아야 할지 모르겠다는 말씀이군요. 조금 더 자세하게 말해줄래요?

고객: 제가 지금 하고 있는 업무를 담당한 지가 벌써 6년이 지났는데 이제 연차가 차서 더 높은 직급으로 올라가야 할 단계입니다. 더 높은 직급으로 올라가면 지금 하고 있는 교육 업무뿐만 아니라 노사관리와 인사관리 업무도 동시에 해야 합니다. 대리 시절에 인사관리 업무를 한 적이 있었는데 너무 힘들었습니다. 누군가를 징계하고 누군가를 다른 곳으로 전보하고 하는 일들이 저는 정말 힘들었습니다. 저의 잘못된 판단으로 다른 사람의 인생에 나쁜 영향을 끼칠 수도 있기 때문입니다.

코치: 더 높은 직급으로 올라갔을 때 생길 수 있는 일이 염려되는군요.

고객: 네. 한 단계 낮은 직급에서 제가 하고 싶은 일을 재미있게 하고 싶은데, 조금 더 있으면 제가 맡은 업무의 범위가 너무 좁아서 덩치가 큰 사람이 밥값을 제대로 못하고 있다는 말을 들을 것 같아 걱정됩니다.

코치: 그러시군요. 오늘 코칭이 끝났을 때 어떤 걸 얻고 싶으세요?

고객: 코치님과 이야기를 나누다 보니 지금 당장의 일은 제가 나름대로 처리할 수 있을 것 같네요. 오늘은 장기적인 관점에서 어떤 결정을 내려야 할지에 대해 코칭 받고 싶습니다.

코치: 그렇다면 오늘 코칭이 성공했다는 걸 어떻게 알 수 있을까요?

고객: 오늘 코칭이 끝났을 때 어떻게 해야 하는지에 대한 구체적인 방법까지는 아니더라도 제가 나아가야 할 방향에 대해 분명하게 한 문장으로 정리되었으면 좋겠습니다.

코치: 어떤 결정을 내리진 않더라도 방향에 대해 분명하게 한 문장으로 정리되는 게 오늘 코칭의 성공이라는 말이군요.

고객: 네. 맞습니다.

이렇게 코칭이 진행됐고 고객은 자신이 원하는 게 뭔지 정리했습니다. 이 코칭을 통해 다시 한 번 확인했습니다. '답은 고객이 가지고 있다. 코치는 답을 줄 수 없다. 다만 적극적 경청을 통해 맥락에 맞는 질문을 하고 코칭 합의만 잘하면 답은 고객이 스스로 찾아낸다.'

Brainstorming: 실행 계획 수립하기

실행 계획 수립하기는 코칭 목표에 합의한 후에 목표를 달성하기 위한 계획을 세우는 단계입니다. 목표 대비 현재 상태는 어떤지, 그래서 무엇을 해야 하는지, 전략과 계획을 구체적으로 수립하는 것입니다. 고객이 혼자 계획을 세울 때와 다른 점은 고객이 미처 보지 못하는 것들을 브레인스토밍을 통해 여러 관점에서 살펴보고 좀 더 담대한 실행 계획을 이끌어내는 것입니다. 고객이 표면적으로는 인지하지 못하고 있지만 내면에 잠재되어 있는 무의식 차원의 인식을 이끌어냅니다.

보통의 경우 목표를 달성하기 위해 무엇을 해야 하는지에 대해 생각합니다. 이럴 경우 표피적이거나 소심한 계획에 그치는 경우가 있습니다. 좀 더 담대한 계획을 이끌어내기 위해선 충분한 브레인스토밍이 필요합니다. 다음과 같은 질문을 통해 고객이 의식 차원의 계획과 무의식 차원의 계획을 모두 생각할 수 있도록 돕습니다.

- 목표 대비 현재 상태는 어떻습니까?
- 목표를 달성하기 위해 무엇을 해야 합니까?
- 그리고 또 무엇을 해야 합니까?
- 또 무엇이 있을까요?

이 질문만으로 실행 계획을 충분하게 세웠다면 다음 단계로 넘어갑니다. 그런데 이런 질문만으로 고객이 만족할 만한 계획을 생각해내지 못했다면 다음의 관점 전환 질문을 사용합니다.

주위를 둘러보세요. 무엇이 보입니까?

"주위를 한 번 둘러보세요. 무엇이 보입니까?"

이 질문은 관점을 전환시켜 주는 대표적인 질문입니다. 고객의 생각이 꽉 막혀 있을 때 사용하는 질문입니다.

코치: 주위를 한 번 둘러보세요, 뭐가 보이나요?

고객: 형광등이 보입니다.

코치: 형광등의 관점에서 지금 이슈를 보면 어떤 생각이 듭니까?

고객: 조금 늦더라도 천천히 더 분명하게 해야 되겠다는 생각이 듭니다.

코치: 또 한 번 주위를 둘러보실래요? 뭐가 보이나요?

고객: 의자가 보입니다.

코치: 의자가 이 상황에 대해 뭐라고 하나요?

고객: 직원들을 더 배려하고 직원들이 쉴 수 있는 환경을 만들어 주라고 합니다.

코치: 또 한 번 둘러보실래요? 뭐가 보이나요?

고객: 시계가 보입니다.

코치: 시계는 이 상황에 대해 뭐라고 할까요?

고객: 너무 급하게 생각하지 말고 천천히 여유를 가지고 생각하면서 하라고 하네요.

코치: 지금까지 여러 관점을 살펴봤는데 그중에서 어떤 관점이 마음에 듭니까?

고객: 의자의 관점이 마음에 듭니다.

코치: 그럼 의자의 관점에서 해결 방안에 대해 더 살펴보기로 할까요?

관점 전환 질문을 항상 해야 하는 건 아닙니다. 실행 계획 수립 단계에서 고객의 생각이 막혀 더 이상 새로운 아이디어를 떠올리지 못할 때 주로 사용합니다. 또 창의적인 아이디어가 필요할 때 사용하기도 합니다. 그런데 고객이 스스로 새로운 아이디어를 생각해 내면서 잘 나아가고 있는 상태에서 관점 전환 질문을 하는 건 생뚱맞습니다. 고객이 잘 나가고 있는데 딴지를 거는 것과 같습니다. 상황과 맥락에 맞게 사용해야 합니다.

다음은 관점 전환 질문을 사용한 코칭 사례입니다. 코칭 주제는 요즘 삶이 무료하고 지루하고 심심한데 어떻게 하면 좋겠는지 방법을 알고 싶다는 것이었습니다. 코칭 합의 단계에서 정의한 코칭의 성공은 코칭이 끝났을 때 구체적으로 무엇을 하면 되는지 분명해지는 것이었습니다.

코치: 삶이 지루하지 않기 위해서 구체적으로 무엇을 해야 할까요?

고객: 그걸 잘 모르겠어요. 무엇을 어떻게 해야 할지 정말 모르겠어요.

코치: 지금까지 어떤 노력을 하셨는지요?

고객: 너무 무기력해서 별다른 노력을 해본 게 없는 거 같습니다.

코치: 그렇군요. 방을 한 번 둘러보실래요? 뭐가 보이나요?

고객: 형광등이 보입니다.

코치: 형광등이 지금 고객님에게 뭐라고 하나요?

고객: 주변을 좀 밝게 만들어라. 집안 분위기를 더 밝게 만들라고 말하네요.

코치: 그렇군요. 또 한 번 둘러볼래요? 뭐가 보이나요?

고객: 소화전이 보입니다.

코치: 소화전이 고객님에게 뭐라고 하나요?

고객: 급한 불을 꺼라! 지금 모든 게 엉켜 있는데 한꺼번에 모든 걸 다 처리하려 하지 말고 급한 것부터 중요한 것부터 차근

차근 하라고 말합니다.

코치: 그렇군요. 또 뭐가 보이나요?

고객: 칠판이 보입니다.

코치: 칠판이 고객님에게 뭐라고 하나요?

고객: 다 쓴 건 좀 지워라. 마무리를 하지 않고 그냥 방치하고 있는 것들이 많은 데 그것들을 좀 마무리해야 할 거 같아요.

코치: 지금까지 살펴 본 것 중에서 어떤 관점이 마음에 듭니까?

고객: 소화전이 마음에 듭니다.

코치: 그럼, 소화전의 관점에서 볼 때 무엇을 해야 할지 조금 더 살펴보도록 할까요?

고객: 네.

이 과정을 통해 고객은 자신을 성찰했고 자신이 생각하고 있는 지루함과 심심함이 어떤 것인지 정리했고 그 원인이 무엇인지도 살펴봤습니다. 그리고 구체적으로 무엇을 해야 하는지 실행 계획도 세웠습니다.

간혹 사물의 관점에서 생각하는 걸 어려워하는 고객이 있을 수 있습니다. 고객이 사물 관점의 질문을 어색해하고 불편해 할 땐 코치는 질문을 멈춰야 합니다. 코치가 이런 질문을 하는 이유는 질문 그 자체가 목적이 아니라 고객의 성공을 돕기 위한 것임을 잊지 않아야 하겠습니다. 이 질문을 하는 게 고객의 성공에 도움이 되는지가 질문을 사용하는 기준이 돼야 합니다. 고객이 사물 관점의 질문에 제대로 대답하지 못하는 경우에는 다음 질문을 사용하기도 합니다.

- 고객님이 지금보다 10배 더 용기가 있다면 무엇을 하겠습니까?
- 절대로 실패하지 않는다면 무엇을 하겠습니까?
- 고객님 마음대로 할 수 있다면 무엇을 하겠습니까?
- 고객님의 후배가 이런 상황에 있다면 뭐라고 조언하겠습니까?

'주위를 한 번 둘러보세요. 뭐가 보이나요?'라는 질문과 친숙해지기 바랍니다. 제 경우엔 고객들이 이 질문을 아주 재미있어 했습니다. 자신이 미처 생각하지 못했던 것들을 찾아내기도 했습니다. 이 질문은 조언하지 않고 고객으로 하여금 스스로 답을 찾게 하겠다는 코치의 다짐입니다.

지금 코칭이 원하는 방향으로 가고 있습니까?

코칭 합의하기 단계에서 '지금 코칭이 제대로 가고 있습니까?'라고 묻는 것의 중요성에 대해서는 이미 살펴보았습니다. 이 질문은 브레인스토밍 단계에서도 매우 유용한 질문입니다.

학생이 물었습니다.

"브레인스토밍을 하는 과정에서 고객의 말을 끊지 않으려고 하다보면 고객이 주제를 벗어나는 때가 있습니다. 이럴 때 어떻게 하면 좋을까요?"

자주 발생하는 일입니다. 그러나 오해하지 말기 바랍니다. 고객이 일부러 주제를 벗어나는 게 아닙니다. 고객 자신도 모르게 자기 말에 빠져 초점을 벗어나기도 하고, 다른 생각들이 동시에 많이 떠올라 그렇게 되기도 합니다. 고객이 아무리 주제를 벗어나더라도 고객으로 하여금 초점을 유지하게 하는 건 코치의 책임입니다.

"지금 고객님의 이야기가 코칭 주제와 초점이 맞나요?"

이렇게 질문하면 어떨까요? 이건 일단 닫힌 질문입니다. 그리고 고객이 비난 받는다고 느낄 가능성도 있습니다.

더 심각한 건 "고객님, 코칭 주제에 맞게 초점을 맞춰 주세요"라고 말하는 겁니다. 이런 표현은 고객으로 하여금 자신이 비난 받고 있다고 느낄 가능성도 있습니다. 고객을 기분 나쁘게 하지 않으면서 초점을 유지하고 코칭 주제로 돌아오게 하는 좋은 방법은 "고객님, 지금 우리 코칭이 고객님이 원하는 방향으로 가고 있습니까?" 하고 묻는 겁니다.

이런 질문을 받으면 고객은 서둘러 주제에 초점을 맞추게 됩니다. 고객이 코칭 주제를 벗어나고 있지 않을 때도 코칭 중간에 이 질문을 하면 좋습니다. 주제에 대한 초점을 상기시키는 동시에 고객은 코치가 자신을 존중하고 있다고 느끼게 됩니다.

사례를 살펴보겠습니다.

코치: 조금 전까지는 고객님의 표정이 밝았는데, 지금 표정이 어두운 것 같아서 염려되는군요. 지금 코칭이 고객님이 원하는 방향으로 제대로 가고 있는 건가요?

고객: 네. 제대로 가고 있는데… 제가 별로 직면하고 싶지 않은 그런 것들을 보게 되면서 약간 불편해지네요. 지금 어두운 표정은 그 불편함에서 나오는 거 같은데, 그래도 지금 코칭이 제가 정말로 중요하게 생각하는 것들을 살펴보고 있는 과정에 있는 거라서 괜찮아요. 조금 불편하더라도 제가 진짜로 원하는 게 뭔지 살펴보고 싶어요.

또 다른 사례입니다.

고객: 그동안 스트레스라는 단어를 너무 단순하게 생각했어요. 하기 싫고 힘이 들어도 어차피 목표는 달성해야 하니까 억지로라도 해야 된다고 생각했지요. 그래서 그 과정이 스트레스로 느껴졌던 거 같습니다. 사실 한 장면 한 장면 돌아보면 즐겁게 일했던 적도 많은데도 말입니다. 리더십 평가나 다면 평가에서도 좋은 점수를 받았었고 그런 부분에서 만족했던 적도 많았는데 그걸 그냥 뭉뚱그려서 단순하게 스트레스로 받아들였던 건 생각이 좀 얕았던 거 같습니다.

코치: 리더십 평가도 좋았고 순간순간 즐겁게 일했는데 그걸 단순하게 스트레스로 받아들인 거는 조금 생각이 얕았던 거 같다는 말이네요. 고객님, 지금 우리 코칭이 고객님이 원하는 방향으로 제대로 가고 있는 건가요?

고객: 네. 제가 중도에 포기한 것들에 대해 그 원인을 찾고 싶다

고 했는데 지금 이야기하고 있는 것들이 그것과 연관이 있습니다.

또 다른 사례입니다.

코치: 지금까지 발생한 문제들이 고객님의 내면에서 일어난 것이지 아내의 문제가 아니라고 하셨습니다.

고객: 네.

코치: 근데 지금 우리가 다루고 있는 내용이 원래 고객님이 다루기를 원했던 건가요? 지금 코칭이 고객님이 원하는 방향으로 제대로 가고 있나요?

고객: 네, 아주 정확하게 가고 있습니다. 오히려 근본적인 부분을 더 깊이 있게 다뤘다는 생각이 듭니다. 제 불편한 마음이 8에서 5로 내려가는 게 오늘 코칭의 목표였는데 이런 부분을 컨트롤할 수 있는 중요한 열쇠는 역시 제가 갖고 있다는 걸 확인했습니다. 제가 아내를 많이 사랑하면서도 조그만 불편함을 가지고 제 마음속에서 스스로 키우고 있었다는 걸 확인하니까 아내에게 미안한 마음이 듭니다. 제가 좀 바보 같았다는 생각이 듭니다. 하하하~~~

'지금 코칭이 고객님이 원하는 방향으로 제대로 가고 있나요?'라는 질문은 고객으로 하여금 초점을 맞추게 하고, 고객이 존중 받고 있다고 느끼게 하는 아주 좋은 질문입니다. 이 질문은 맥락에 맞게 사용한다면 코칭 전반에 걸쳐 모든 단계에서 사용할 수 있는 강력한 질문입니다.

Closing : 의식 확대 및 마무리하기

코칭을 마무리해야 하는 단계에 이르렀습니다. 고객이 코칭의 주인이었다고 느끼게 하고 코칭에서 다룬 내용을 스스로 책임지게 만드는 아주 중요한 단계입니다. 마무리 단계에서는 고객이 성취한 것과 새로운 의미를 부여한 것, 강력한 실행 의지를 나타낸 것 등에 대해 축하하고 지지하고 응원합니다. 이 과정을 통해 고객의 의식이 더욱 확장되고 실행력이 한층 더 강해집니다. 다음과 같은 질문들을 할 수 있습니다.

- 오늘 코칭을 통해 무엇을 배웠습니까?
- 오늘 코칭을 통해 새롭게 발견한 것은 무엇입니까?
- 오늘 코칭을 통해 관점이 전환된 것은 무엇입니까?

- 오늘 코칭을 통해 자신의 상황에 대해 새롭게 알게 된 것은 무엇입니까?
- 오늘 코칭을 통해 자신에 대해 알게 된 것은 무엇입니까?
- 오늘 코칭을 통해 성취한 것은 무엇입니까?
- 오늘 코칭의 결과로 앞으로 무엇이 달라지겠습니까?

고객에게 "오늘 코칭을 통해 이 상황에 대해 새롭게 알게 된 건 무엇입니까?"라고 질문하면 "그 질문 참 오묘하네요" 하고 반응하기도 합니다. 혹은 "제가 지금까지 이런 걸 잘 몰랐던 것 같네요."라고 대답하기도 합니다.

그리고 "고객님 자신에 대해 새롭게 알게 된 건 무엇입니까?"라고 질문하면 "아! 평소에 미처 생각해보지 못했는데 많은 생각이 떠오르네요. 아주 강력한 질문이네요"라고 대답하기도 합니다. 이 질문들을 통해 고객은 의식이 확장되어 코칭을 완전히 자기 것으로 만들게 됩니다.

마무리 단계에서 고객의 의식이 더 확장되는 것을 돕기 위해 코치는 고객이 성취한 것, 관점을 전환한 것 등에 대해서도 말해 주고 축하해줍니다. 코칭을 마무리하면서 고객을 격려하고 고객에 대한 기대를 말해 주는 건 코칭이 끝난 후에도 더 잘하고 싶은 마음이 생길 수 있도록 동기부여하고 실행력이 더 강해지게 하는 효과가 있습니다. 코치는 다음 내용들을 말해줍니다.

- 고객이 성취한 것을 말해줍니다. "고객님은 오늘 코칭을 통해 이런 것을 성취하셨습니다."
- 코칭을 통해 고객이 시각을 전환한 것을 말해줍니다. "고객님은 오늘 코칭을 통해 이런 관점의 전환을 했습니다."
- 코칭을 통해 고객이 새로운 의미를 부여한 것을 말해줍니다. "고객님은 오늘 코칭을 통해 이런 새로운 의미를 부여하셨습니다."
- 코칭을 통해 고객이 실행 의지를 강력하게 부여한 것을 말해줍니다. "고객님은 오늘 코칭을 통해 이런 것을 실천하겠다는 강한 의지를 보여주셨습니다."
- 축하하고 지지하고 응원해줍니다. "이런 것을 이루어내신 고객님을 축하하고 응원합니다."
- 고객과 함께 코칭을 마무리합니다. "이제 코칭을 마무리해도 될까요?"

마무리하기 단계의 코칭 사례를 살펴보겠습니다.

코치: 오늘 코칭을 통해서 어떤 걸 얻었습니까?

고객: 코치님께서 코칭을 잘 이끌어주셔서 너무 감사하구요, 첫째는 역시 제가 아내를 굉장히 사랑하고 있다는 걸 확인했고, 그 다음에는 아내를 사랑하는 마음을 좀 더 성숙하게 표현할 수 있어야겠다는 걸 느꼈습니다. 이런 것들이 좀 더 몸에

배게 노력해야겠다는 다짐을 했습니다. 제가 꿈꾸어 왔던 행복한 결혼의 모습을 아내와 함께 만들 수 있겠다는 생각이 들었습니다.

코치: 오늘 코칭을 통해 고객님 스스로에 대해 새롭게 알게 된 건 무엇입니까?

고객: 오늘 코칭을 통해 제가 풀지 못하고 있었던 문제가 외부에서 주어진 게 아니라 제 마음이 스스로 만들었다는 걸 명확하게 알게 됐습니다. 또 제가 아내를 매우 진심으로 사랑하고 있다는 것도 확인했습니다. 아내가 너무 사랑스럽습니다.

코치: 축하합니다. 고객님은 오늘 코칭을 통해 아내에 대한 깊은 사랑을 확인하셨습니다. 그리고 결혼 생활을 얼마나 소중하게 생각하는지, 결혼 생활을 아름답게 가꾸기 위해 최선을 다해 노력하고 있다는 것도 확인하셨습니다. 그리고 작은 행동이지만 구체적으로 손에 잡히는 행동을 실천하겠다는 각오도 했습니다. 축하합니다.

고객: 고맙습니다.

다른 사례를 살펴보겠습니다.

코치: 오늘 코칭을 통해 무엇을 알게 됐습니까?

고객: 제가 아들에게 왜 화를 잘 내는지 그 이유를 알게 됐습니다.

코치: 오늘 코칭을 통해 새롭게 발견한 것은 무엇입니까?

고객: 새롭게 알게 된 건, 제가 그동안 여러 가지 일들을 중도에 포기하고 그만두는 게 많았는데, 이게 제가 게으르거나 끈기가 없어서 그런 게 아니라 제 내면을 살펴보니 원래 하고 싶지 않았는데 주변 사람들의 기분을 맞춰 주기 위해 억지로 시작했던 거라는 걸 알게 됐습니다.

코치: 오늘 코칭을 통해 관점이 전환된 것은 무엇입니까?

고객: 제가 끈기가 없거나 게으른 게 아니라 다른 사람들의 눈치를 본다는 걸 알게 됐습니다. 그건 저에게도 도움이 되지 않을 뿐만 아니라 그 사람들도 원하는 게 아니라서 서로에게 전혀 도움이 되지 않는다는 걸 알게 됐습니다. 앞으로 제가 진짜로 원하는 게 아니라면 과감하게 아니라고 말하는 것이 오히려 저와 주위 사람들 모두를 위하는 거라는 걸 알게 됐습니다.

코치: 그러시군요. 오늘 코칭을 통해 자신에 대해 새롭게 알게 된 것은 무엇입니까?

고객: 그동안 제가 중도 포기를 많이 한 게 끈기가 없거나 게을러서가 아니라 저의 가치관과 성격 기질에 충실하게 살아 온 것이라는 새로운 깨달음이 있었습니다. 그래서 매우 기쁩니다.

코치: 지금 표정이 아주 밝아 보이네요.

고객: 그렇습니까? 실제로 기분이 아주 좋습니다.

코치: 오늘 코칭의 결과로 앞으로 뭐가 달라질 거 같습니까?

고객: 좀 덜 답답할 거 같습니다. 원인을 알게 됐으니 해답을 찾을 수도 있겠고요. 비록 해답을 쉽게 찾지 못한다 해도 스트레스는 훨씬 덜 받겠지요.

코치: 고객님은 오늘 코칭을 통해 자신의 내면 깊숙이 있는 가치관을 확인했고, 자신의 리더십이 어떤지 성찰했습니다. 그리고 자신이 원하는 삶의 방향이 무엇인지에 대해서도 확인했습니다. 자신감을 얻었고 자신이 원하는 걸 향해 뚫고 나아가는 힘을 얻었습니다. 축하합니다.

고객: 네. 맞아요. 코치님이 이렇게 말해 주니까 지금 에너지가 막 올라옵니다. 감사합니다.

학생이 물었습니다.

"코치 자격을 취득하여 앞으로 상위 코치 역할을 수행하게 됩니다. 후배들에게 피드백을 하는 데 있어서 상위 코치로서 가져야 할 마음가짐에 대해 가르침을 부탁드립니다."

이런 질문 자체가 상위 코치의 마음가짐으로 훌륭하다고 생각합니다. 선배로서 후배에게 귀감이 되고 진심으로 도움을 주고 싶어 하는 마음이 느껴집니다. 제가 경험한 바로는 학생들은 피드백에 민감합니다. 상처를 잘 받습니다. 피드백에 대한 제 생각은 이렇습니다.

첫째, 피드백을 통해 상처를 주지 않아야 합니다. 피드백을 하는 목적은 오직 후배의 성장을 위한 것이지 선배의 실력을 뽐내는 것이 아니라는 걸 마음 깊이 간직하기 바랍니다.

둘째, 선배의 피드백이 언제나 옳은 것은 아니라는 사실을 명심하기 바랍니다. 선배의 피드백은 지금 선배 입장에서 그런 것일 뿐 후배의 지식과 경험, 상황 등에 비추어 볼 때는 다를 수도 있다는 걸 이해하기 바랍니다. 그래서 일방적으로 조언하거나 충고하지 말기 바랍니다.

셋째, 고객을 대하는 마음가짐으로 후배를 대하기 바랍니다. 코치가 강력한 것이 아니라 코칭 관계가 강력한 것이듯 선배라는 존재 자체가 강력한 것이 아니라 선후배 관계가 강력한 것입니다. 에고를 내려놓고 오직 후배의 성장을 위하는 마음가짐으로 피드백하기 바랍니다.

넷째, 도전과 지지의 예술을 익히기 바랍니다. 일방적으로 도전하기만 해서도 안 되겠지만 또 언제나 지지하기만 한다면 후배의 성장이 더뎌질 수도 있습니다. 도전과 지지를 적절하게 활용하되 후배를 위한 마음이 오롯이 전달되도록 노력하기 바랍니다.

도전하는 방법은 의도와 행동의 불일치 알려주기, 요청하기, 정보 제공하기의 세 가지가 있습니다.

첫째, 의도와 행동의 불일치는 후배의 좋은 의도를 먼저 알아주고 난 후에 실제로 드러난 행동은 원래 의도와 다른 결과로 나타나고 있다는 것을 알려주는 것입니다.

"후배님은 코칭을 빨리 익혀서 직원들을 코칭하고 싶다고 했습니다. 그런데 코칭 모델에 대한 이해도 깊지 않고 코칭 질문도 열심히 공부하지 않는 거 같습니다. 코칭을 빨리 익히고 싶다는 생각과 다르게 행동하는 것 같습니다."

둘째, 요청하기는 후배가 망설이고 있거나 안전지대에 머무르고 있을 때 '제가 요청을 하나 해도 될까요?' 하고 허락을 구한 후에 후배의 성장을 위한 요청을 하는 것입니다. 예를 들면, "제가 요청을 하나 해도 될까요? 후배님이 지금 공부하고 있는 것들을 정리해서 책을 출간하면 어떻겠습니까?" 받아들이거나 받아들이지 않거나 하는 건 후배의 몫입니다.

셋째, 정보 제공입니다. 후배에게 도움이 될 만한 정보를 제공하는 겁니다. 이때의 정보는 개인적인 생각이 아니라 일반적으로 검증된 정보여야 합니다.

물처럼 유연하게 바람처럼 자유롭게 코칭하기

코칭 프로세스를 배우고 나면 자신도 모르게 프로세스 대로 고객을 이끌고 가려고 하는 경향이 생깁니다. 프로세스 대로 대화를 진행하면 좋은 성과를 낼 수 있다는 걸 경험했기 때문입니다. 그러나 대화에는 상대가 있습니다. 고객의 상태에 따라 꼭 프로세스 대로 진행되지 않는 경우도 있습니다.

고객은 특정한 감정에 쌓여 벗어나지 못할 때도 있고, 어떤 걱정에 사로잡혀 있기도 합니다. 이때는 고객의 감정들을 충분히 존중하고 수용하고 해소하는 시간을 가져야 합니다. 그냥 프로세스 대로 끌고 가면 안 됩니다. 프로세스는 보편적으로 그렇게 하면 좋은 성과를 낼 수 있다는 모범 진행 순서일 뿐입니다.

코칭 주제를 정하지 못하고 고객이 하소연만 하는 경우도 있습니다. 사례를 보겠습니다.

코치: 오늘 어떤 이야기를 해볼까요?

고객: 코치님, 그 전에 먼저 제가 정말 열 받는 일이 있는데요. 그 거 먼저 이야기해보면 어떨까요?

코치: 조금 자세하게 말해줄래요?

고객: 이번에 본부장이 새로 왔는데 너무 막가파인 거 있지요. 매 출을 올리라고 푸시하면서도 미수채권은 줄이라네요. 우리 제품은 외상으로 판매하는 거라서 매출이 올라가면 당연히 미수채권도 늘어날 수밖에 없는 구조거든요. 그런데 이런 식으로 밀어붙이니까 정말 죽겠습니다.

코치: 많이 힘드시겠군요.

고객: 말도 마세요. 새로 온 본부장 때문에 직장 생활이 너무 힘듭 니다.

(이렇게 고객은 40분 넘게 불만을 토로했습니다. 코칭 프로세스는 전 혀 진행되지 못했습니다. 다만 듣기만 했습니다.)

코치: 정말 어려운 상황에 있으시네요. 그래서 고객님은 앞으로 어떻게 하실 건가요?

고객: 어쩌겠어요. 계급이 깡패라고 제가 맞춰야겠지요. 그런데 오늘 코치님에게 제 이야기를 하면서 떠오르는 생각이 본 부장도 지금 어쩔 수 없는 상황이겠다, 이 분이 일부러 저를 쪼는 것도 아니고 상황이 그렇다고 생각하니까 조금은 이해

가 되기도 하네요.

코치: 그러시군요. 오늘 대화를 통해 무엇을 느끼셨습니까?

고객: 제가 오늘 코치님께 막무가내로 어리광 부렸다는 생각도 들고, 본부장이 안 됐다는 생각도 듭니다. 앞으로 불평만 할게 아니라 본부장을 잘 챙겨줘야겠다는 생각이 듭니다.

오늘 어떤 이야기를 하고 싶은지 물었는데 고객은 자신의 어려움을 하소연했습니다. 이때는 프로세스가 제대로 진행되기 어렵습니다. 그렇게 대화가 진행된 경우에도 프로세스의 전체 구조를 알고 있으면 마무리를 잘할 수 있습니다.

- 그래서 앞으로 어떻게 하실 건가요?
- 오늘 대화를 통해 무엇을 느꼈습니까?

이런 질문들을 타이밍에 맞게 할 수 있으면 그 코칭을 제대로 마무리할 수 있습니다.

바둑에서 정석을 공부한 후에는 정석을 잊어버린다고 합니다. 코칭도 마찬가지입니다. 일단 프로세스를 익히고 난 후에는 프로세스에 얽매이지 않고 자유로워져야 합니다. 고객의 상황에 따라 유연하게 프로세스를 진행할 수 있어야 합니다. 코칭 프로세스가 들쭉날쭉했던 코칭 사례를 살펴보겠습니다.

코치: 오늘 어떤 이야기를 해볼까요?

고객: 저는 업무 특성상 다른 부서와 협업을 잘해야 합니다. 어떻게 하면 협업을 잘할 수 있는지에 대해 이야기해보고 싶습니다.

코치: 협업을 잘하고 싶다고 하셨는데 어떻게 되기를 원하십니까?

고객: 코치님, 참 이상한 사람들이 많습니다. 각 부서에서 하는 일은 모두 회사 전체의 목표 달성을 위한 건데, 회사 전체의 목표는 아랑곳하지 않고 오직 자기 부서 이익만 챙기는 사람들이 너무 많습니다. 우리 회사는 부서 이기주의가 심해서 큰일입니다.

(어떻게 되기를 원하는지 물었는데 다른 사람들의 부서 이기주의에 대해 말했습니다.)

코치: 부서 이기주의 때문에 큰일이라고 생각하시는군요.

고객: 코치님, 이런 사람은 어떻게 해야 됩니까? 회의에서 함께 합의한 사항을 자기 부서에 돌아가선 자기에게 유리한 쪽으로 해석해서 합의된 내용과 전혀 다르게 업무를 진행하는 사람이 있습니다. 이런 사람은 어떻게 해야 합니까? 그렇다고 싸울 수도 없고….

코치: 조금 자세하게 말해 주세요.

(고객은 코치의 질문에 대답하지 않고 자기가 하고 싶은 말을 했습니다. 이런 경우에도 고객이 일부러 그러는 게 아니라는 걸 알아야 합니

다. 지금 고객은 여러 가지가 뒤섞여 있어서 무엇부터 해결해야 할지 몰라서 그럴 수도 있습니다. 이때 고객 자신의 상황에 대해 고객은 언제나 옳다고 생각하는 것과 '어, 이 사람 왜 자꾸 초점을 벗어나지?' 하고 고객이 틀렸다고 생각하는 건 엄청난 차이가 있습니다. 코칭 상황에서 고객은 언제나 옳다는 생각이 몸에 배여 있어야 비로소 유연하고 자유롭게 코칭할 수 있습니다. 그래야 코칭이 편안하게 진행되고 지혜가 떠오르기도 합니다.)

코치: 지금 하고 있는 이야기가 원래 하고 싶었던 게 맞나요?

(이 질문은 '지금 코칭이 제대로 가고 있습니까?'를 맥락에 맞게 질문한 겁니다.)

고객: 네. 각 부서는 자기 부서의 이익만 챙기지 말고 회사 전체의 이익이 되는 방향으로 서로 협업해야 된다는 걸 이야기하고 싶었습니다. 협업을 잘하는 방법에 대해 이야기하고 싶었는데 이야기를 하다 보니 열을 받아서 잠시 옆으로 샌 거 같습니다. 하여간 어떻게 하면 협업을 잘할 수 있겠는지 알고 싶습니다.

코치: 협업을 잘하는 방법을 알고 싶은 게 오늘 코칭의 주제이군요.

고객: 그런데, 코치님. 아무리 대화하고 양보를 해도 정말 안 되는 사람이 있습니다. 이런 사람과도 협업을 해야 하나요? 왜 저만 그렇게 해야 하는지 짜증이 날 때가 많습니다.

고객은 또 코치의 질문에 답하지 않고 자기가 하고 싶은 말을 하고 있습니다. 이럴 때 코치가 알아야 할 게 있습니다. 이때 고객이 코치를 무시하거나 코칭 프로세스를 일부러 벗어나려고 하는 게 아니라는 겁니다. 고객은 자신의 내면에 있는 불만을 불쑥불쑥 드러내고 있을 따름입니다. 이런 요인들을 드러내는 것도 코칭의 과정입니다.

고객은 코치가 진행하는 프로세스에 따라 대답해야 할 의무가 없습니다. 제 생각에 지금 고객은 진실하게 자신에 대해 이야기하고 있습니다. 이럴 때 고객이 하고 싶은 말을 하게 하면서도 코치는 코칭의 전체 프로세스를 잘 진행할 수 있어야 합니다. 태권도에서 품새를 잘 익혀두면 실제 대련을 할 때 잘 쓸 수 있는 것처럼 코칭의 프로세스에 대한 철저한 이해가 되어 있으면 고객이 아무리 뒤엉켜 있다 해도 실타래를 하나씩 풀어가면서 코칭을 진행할 수 있습니다.

저는 고객이 어떤 상황에 있더라도, 어떻게 코칭이 진행되더라도 당황하지 않고 사용하는 것이 있습니다.

- 조금 자세하게 말해 주세요.
- 지금 하고 있는 이야기가 원래 하고 싶었던 이야기인가요?
- 그래서 앞으로 어떻게 하고 싶은가요?
- 오늘 대화를 통해 무엇을 느꼈습니까?

사례를 보겠습니다.

고객: 정말 대화가 안 되는 사람이 있습니다. 협업은 고사하고 그

사람은 자기가 무슨 말을 하는지도 모릅니다. 회의할 때마다 정말 짜증이 납니다. 이런 사람과도 협업을 해야 하는 걸까요?

코치: 조금 자세하게 말해 주세요.

고객: 제가 어제 TV에서 봤는데 정말 드라마 내용이 말도 안 되더라고요. 너무 비현실적인 드라마를 보면서 우리 회사가 생각나서 정말 짜증이 났습니다.

코치: 지금 하고 있는 이야기가 원래 하고 싶었던 건가요?

고객: 네. 맞습니다. 회사에서도 협업 때문에 짜증이 나 있는데 TV에서 그런 상사를 보게 되니까 울화가 치밀었던 거 같습니다. 제가 원래 하고 싶었던 이야기는 우리 회사의 경우에는 어떻게 해야 하는지입니다.

(고객은 약 40분 동안 회사의 협업이 안 되는 이유에 대해 여러 가지 이야기를 했습니다. 이제 코칭을 마무리해야 할 단계에 이르렀습니다.)

코치: 오늘 많은 이야기를 하셨는데 고객님은 앞으로 어떻게 하고 싶은가요?

고객: 제가 그들에 대해 불만이 많은 것처럼 그 사람들도 저에 대해 불만이 많을 겁니다. 앞으로 협업이 잘 안 된다고 느껴질 땐 대화를 더 많이 해보겠습니다. 회사 전체의 이익이 되게 하는 방법이 뭔지, 각 부서의 입장이 어떻게 다른지에 대해 더 많은 대화를 해야 할 거 같습니다.

코치: 오늘 대화를 통해 무엇을 느꼈습니까?

고객: 제가 그동안 다른 부서 사람들과 대화가 부족했다는 걸 느꼈습니다. 혼자 속으로만 짜증을 내고 있었습니다. 그 사람들도 잘하고 싶지만 다른 이유가 있어서 그렇게 하지 못하고 있을 겁니다. 서로 대화를 많이 해야 문제를 풀 수 있다는 걸 깨달았습니다.

코치가 코칭을 공부하는 이유는 고객의 성공을 돕기 위해서입니다. 고객을 코칭의 틀에 가두려고 하는 게 목적이 아닙니다. 처음 코칭을 공부하는 사람은 고객의 말을 들으면서 다음에는 어떤 질문을 해야 할지 머릿속으로 생각하면서 고객의 말을 듣습니다. 고객과의 연결이 끊어지는 순간입니다.

처음에는 어쩔 수 없습니다. 프로세스를 완전하게 익히지 못하면 어쩔 수 없이 나타나는 현상입니다. 저도 마찬가지였습니다. 이런 현상을 극복하고 '프로세스에서 자유롭기 위해 프로세스를 익히는 것'입니다. 아래의 차이를 확인하기 바랍니다.

- 프로세스를 제대로 몰라서 프로세스 대로 진행하지 못하는 것
- 프로세스를 잘 이해하고 있으면서도 고객과 함께 순간을 춤추느라 프로세스 순서대로 진행하지 않는 것

프로세스를 철저하게 익히고 난 후에는 프로세스에서 자유로워지길 바랍니다. 물처럼 유연하게 바람처럼 자유롭게~

지금까지 DSA 대화모델과 코칭 핵심역량, 코칭의 프로세스에 대해 공부했습니다. 다음의 실제 코칭 사례를 통해 지금까지 공부한 내용들을 점검해 보기 바랍니다. 실제 코칭에서 DSA 모델을 어떻게 활용하고 있는지, 프로세스를 어떻게 진행하고 있는지, 코칭 핵심역량은 어떻게 드러나고 있는지에 초점을 맞추고 실전 코칭 사례를 읽어보기 바랍니다.

고객이 하는 말의 내용에만 너무 몰입하지 말고 코치가 어떤 질문을 하니까 고객이 어떻게 반응하는지 알아차리고, 코치가 어떤 핵심역량을 사용하니까 코칭이 어떻게 진행되는지도 살피기 바랍니다.

지금까지 공부한 내용이 실제 코칭에서 어떻게 작동하고 있는지에 초점을 맞추면서 읽어보기 바랍니다. 빠른 속도로 읽어 나가지 말고 잠시 멈추어서 '이건 어떤 역량이지?', '이런 질문을 하니까 이렇게 대답하는구나' 하면서 앞에서 공부한 내용들을 자기 것으로 만드는 숙성의 시간을 갖기 바랍니다.

다음에 소개하는 코칭 사례를 통해 지금까지 공부한 내용을 모두 통합할 수 있기를 기대합니다.

영혼의 계획을 세우다

코치: 안녕하세요? 그동안 어떻게 지냈어요?

고객: 정신없이 보낸 거 같습니다. 강의도 계속 있었고, 또 중간 중간 코칭과 상담도 하면서 바쁘게 지냈습니다.

코치: 많이 바쁘셨군요. 지금은 어때요?

고객: 지금은 좀 편안해요. 그러면서도 약간의 긴장감도 좀 있어요.

코치: 편안하면서도 긴장감이 있군요… 지금 코칭을 진행하는 데 불편한 건 없으신지요?

고객: 네. 괜찮습니다.

코치: 혹시라도 코칭 중에 불편한 게 있으면 언제든 말해 주세요.

고객: 네에. 감사합니다.

코치: 오늘 코칭이 어떤 시간이 되기를 원하십니까?

고객: 저를 좀 더 깊이 있게 성찰하는 시간이 되면 좋겠습니다. 그리고 그 성찰의 과정을 통해서, 집중해서 실행할 수 있는 에너지, 힘? 그런 걸 얻을 수 있었으면 좋겠습니다.

코치: 깊이 있게 성찰하고 집중할 수 있는 에너지, 힘. 이런 걸 얻는 시간이 되길 원하시는군요.

고객: 네.

코치: 오늘 어떤 이야기를 해볼까요?

고객: 그동안 제가 바쁘게 사느라고 미뤄뒀던 과제인데요. 어떻게 하면 책을 잘 쓸 수 있을까? 그 부분에 대해 코칭 받았으면 좋겠습니다.

코치: 조금 더 자세하게 이야기해 줄래요?

고객: 제가 오랫동안 강의도 하고 코칭도 많이 했는데 뭔가 정리가 안 된 느낌이 듭니다. 지금 수준에서 한 단계 더 도약하면 좋겠습니다. 그리고 지금까지 제가 경험했던 노하우들을 통해 좀 더 많은 사람들에게 도움을 줄 수 있도록 뭔가 정리가 됐으면 좋겠어요. 책을 내면 그렇게 될 수 있지 않을까 하는 생각이 듭니다.

코치: 그동안의 노하우를 정리한 책을 써서 남에게도 도움이 되고 자신도 도약하고 싶다는 거네요.

고객: 네.

코치: 오늘 코칭이 끝났을 때 어떤 걸 얻고 싶으세요?

고객: 코칭이 끝났을 때, 아~ 이렇게 하면 되겠구나 하는 분명한

방향성과 그걸 실현할 수 있는 좀 더 강력한 의지라고 할까요? 그런 게 생겼으면 좋겠습니다.

코치: 분명하게 정리되고 방향성을 잡고 실행하고 싶은 의지가 생기는 걸 원하시는군요. 그러면 오늘 코칭이 성공했다는 걸 어떻게 알 수 있을까요?

고객: 코칭이 성공했다고 하면, 지금 당장 이걸 하면 되겠구나 하는 명확한 행동이 나왔으면 좋겠어요. 코칭이 끝났을 때, 뭔가 시원하게 정리되고, 명쾌해진 느낌… 이렇게 하면 되겠구나 하는 그런 확신이 생기면 좋겠습니다.

코치: 그렇군요. 그런 확신이 생기면 어떤 점이 좋을까요?

고객: 그런 확신을 가지고 지속적으로 행동한다면 제 이름으로 된 책을 출간할 수 있을 거 같습니다.

코치: 지금 말하면서 미소를 지었는데 내 이름으로 된 책이 출간되었을 때의 모습을 한 번 상상해 보시겠어요?

고객: 네.

코치: 기분이 어때요?

고객: 뿌듯합니다. 뭔가 차오르는 것 같아요. 벅차고….

코치: 뿌듯하고. 차오르고. 벅차고… 그렇군요. 그 순간을 누구로부터 인정받고 싶으세요?

고객: 음… 제 와이프… 우리 애기들….

코치: 와이프와 애기들이 뭐라고 칭찬해 주면 좋을 거 같은가요?

고객: 당신은 해낼 줄 알았어. 아빠, 책 잘 나왔다, 멋있다… 그런

이야길 들으면 좋겠습니다.

코치: 지금 계속 환하게 웃고 있는데 목표를 달성한 모습을 은유 또는 이미지로 표현해 보시겠어요?

고객: 독수리가 날개를 쫙 펴는 게 삭~ 스쳐 지나가는데요.

코치: 독수리가 날개를?

고객: 네. 독수리가 날개를 쫙 펼치고 날아오르는….

코치: 지금 독수리가 날개를 쫙 펼치는 할 때 양손을 이렇게 쫙 벌리셨어요. 이건 어떤 의미인가요?

고객: 아~ 제가 그랬나요? 저도 모르게 무의식적으로 그런 거 같은데, 날개를 쫙 펼치니까 뭐랄까, 에너지라고 할까요? 뭔가 제가 확장되고… 뭔가 좀 자유롭고… 그러면서 제 영혼이 하고 싶은 것으로 나아가는 듯한 그런 느낌이 드네요.

코치: 지금 말을 하면서 손을 계속 크게 펼치시는군요. 동작에서 무언가 확장되는 느낌이 전해져 오네요. 자유롭게 날아가는 느낌? 이런 것도 느껴집니다. 영혼 이야기를 할 때 눈도 반짝반짝하는 게 보여서 그게 고객님이 진짜 원하는 그런 거 같다, 이런 생각이 들어요. 그렇게 되는 게 고객님에게 어떤 의미일까요?

고객: 아~ 영혼이라고 말씀해 주시니까 뭉클한데요, 이런 말이 부담스럽긴 한데 제가 살아가는 이유인 거 같아요. 제가 살아가는 이유, 저의 가치, 이런 것들을 실현하는 거고, 또 그게 사람들에게 긍정적으로 기여하면서 저도 함께 성장할 수

있는 기회를 만들어가는 그런 거 같습니다.

코치: 좀 부담을 느끼긴 하지만 이게 내가 살아가는 이유고, 내 가치를 실현하는 거고, 기여하면서 동시에 성장하는 거군요. 영혼 이야기를 할 때 눈물을 흘리셨는데 지금 마음이 어떠세요?

고객: 그러게요. 제가 그동안 너무 바쁘게 살아왔습니다. 아이들도 키우고 생계도 중요해서 돈 버는 일에만 집중해 왔는데 내면에서는 영혼이라든가 소울이라든가 이런 게 중요했던 거 같아요. 잊고 있었던 영혼의 소리와 만난 기쁨의 눈물이라고 할까… 소울과 일치된 삶을 살고 싶었는데, 그동안 일에만 너무 몰입하다 보니까 그런 걸 좀 놓치고 살았다는 생각이 들었습니다.

코치: 그 눈물은 나의 영혼과 나의 소울을 만난 기쁨의 눈물이군요.

고객: 네, 가슴에서 나오는….

코치: 그 목표를 달성하는 게 나의 살아가는 이유를 실현하는 그런 의미네요. 그래서 가슴에서 나오는 눈물이라고 하셨군요. 그렇군요. 그런 목표 대비 현재는 어떤 상태인가요?

고객: 현재는 기회와 위기가 공존하는 상태에요. 기회는, 감사하게도 최근 강의 반응이 과거보다 훨씬 더 좋아졌어요. 옛날에도 어느 정도 잘 나오긴 했는데 지금은 더 좋아졌습니다. 옛날이 80이라면 지금은 110, 120 정도의 반응이 나옵니다. 그래서 이건 하나의 기회와 가능성으로 보이구요. 한편으로

위기는, 요즘 시장 상황이 안 좋은 거예요. 특히 저랑 파트너로 일하는 컨설팅 회사 2개가 문을 닫을 정도로 시장 상황이 매우 어렵습니다. 주변에서 많이 힘들어합니다. 그래서 뭔가 더 열심히 해야겠다는 생각과 뭔가 새로운 게 필요하다는 위기감을 동시에 느끼고 있습니다.

코치: 원래도 강의를 잘했지만 지금은 강의 반응이 훨씬 더 좋고 이런 면에서는 기회인데, 시장 상황이 안 좋은 게 위기라서 현재는 기회와 위기가 공존하고 있다는 말이군요. 그런데 그게 책을 쓰는 것과 어떻게 연결되나요?

고객: 책은 새로운 차원의 시장과 가능성을 만들어주는 매개체가 될 수 있겠다는 생각이 있어요. 지금까지는 마케팅이나 이런 걸 못하고 컨설팅 회사나 PM들에게 많이 의존했는데 제 이름으로 된 책이 있으면 제 브랜드 가치를 더 높일 수 있지 않을까 하는 생각이 들어요. 책을 내면 제가 하고 싶은 강의를 할 수 있는 기회들이 더 많이 생기지 않을까 하는 기대가 있습니다.

코치: 책을 쓴다는 게 새로운 차원의 시장과 가능성을 열어주는 매개체이고, 하고 싶은 강의를 할 수 있는 기회를 만들어 주는군요. 그런 측면에서 보면 책을 쓰는 건 내가 나가려고 하는 방향과 일치한다, 이렇게 봐도 되는 거네요.

고객: 네네.

코치: 그런데 지금 코칭이 고객님이 원하는 방향으로 제대로 가고

있나요? 고객님이 다루고 싶은 게 제대로 다루어지고 있나요?

고객: 네. 그렇습니다. 코치님이 질문을 적절하게 해 주니까 그동안 제 안에 숨겨져 있던 저의 순수한 열정이라 할까, 가치, 이런 것들과 만나면서 확장되는 기분이 들어서 좋습니다.

코치: 그렇군요. 책을 쓴다는 게 나의 목표로 가는 길과 방향이 일치하는 거라면 책을 쓰기 위해 구체적으로 무엇을 해야 되나요?

고객: 음… 일단 구체적으로 해야 될 게, 먼저 어떤 내용을 쓸 건지 확실하게 정리해야겠지요. 예를 들어 주제는 무엇으로 할지, 그 안에 들어가는 콘텐츠는 어떤 내용을 다룰 건지 그런 걸 정리해야겠다는 생각이 듭니다.

코치: 주제를 확실하게 하고 콘텐츠를 정리하고.

고객: 네네.

코치: 그리고 또 무엇을 해야 될까요?

고객: 주제와 콘텐츠가 정리되면 그걸 가지고 제가 지금까지 공부해왔던 책들과 비교하면서 책의 구조를 더 체계화시키는 작업을 해야겠지요.

코치: 체계화시키는 작업… 또 어떤 걸 해야 할까요?

고객: (대답을 하지 못하고 망설이고 있음)

코치: 방을 한 번 둘러보실래요?

고객: 네에.

코치: 뭐가 보이나요?

고객: 시계가 딱 눈에 들어옵니다.

코치: 저 시계의 관점에서 본다면 뭘 해야 될 거 같나요?

고객: 중요한 일부터 해라! 하하하～～～

코치: 지금 하하하～～～ 하고 크게 웃으셨는데 어떤 의미인가요?

고객: 제가 지금 중요한 일을 미루고 있다는 걸 시계가 알려주네요. 하하하～～～

코치: 지금 얼굴이 빨개졌네요.

고객: 아, 제가 그런가요? 허를 찔린 듯한 느낌이 들어서 그런 거 같습니다.

코치: 허를 찔린 듯한 느낌?

고객: 네. 시계를 보면서 정작 중요한 일을 미루고 있는 제 모습을 보니까 얼굴이 빨개지고 허를 찔린 듯한 느낌이 듭니다.

코치: 그렇군요. 방을 한 번 더 둘러보실래요? 뭐가 눈에 들어옵니까?

고객: 화이트보드와 보드마카가 보입니다.

코치: 화이트보드와 보드마카의 관점에서 보면 뭘 해야 될 거 같은가요?

고객: 네, 백지에다가 보드마카를 가지고 너의 생각과 구상을 표현해라. 여태까지 경험했던 거, 읽었던 거, 노하우들을 백지 상태에서 한 번 정리해 봐라. 펼쳐 봐라. 그런 메시지를 주는 거 같아요.

코치: 고객님의 경험, 노하우, 이런 걸 못쓰고 있는 게 아쉽다는 말이군요.

고객: 네에.

코치: 하나만 더 볼까요? 주위를 둘러보면 뭐가 또 눈에 보이나요?

고객: 지우개가 보입니다.

코치: 지우개의 관점에서 보면 뭘 해야 될 거 같아요?

고객: 필요 없는 거 지워라!!!

코치: 필요 없는 거 지워라!!! 지금 이 말을 하고 나서 느낌이 어때요?

고객: 심장에 확 꽂힙니다.

코치: 조금 더 자세하게 말해줄래요?

고객: 음… 불필요한 것들을 제거해야 할 거 같습니다. 일하고 강의하고 코칭하고 이런 일은 에너지와 집중력이 많이 소비되잖아요. 마구잡이로 강의하고 코칭하고 그래서 제가 좀 지쳤었던 거 같아요. 그렇게 에너지를 막 쓰다가 시간이 남으면 그냥 어영부영하게 되고… 그러다가 시간이 후~딱 지나가고 그랬네요. 근데 이제 좀 불필요한 것들은 지워야겠다는 생각이 듭니다.

코치: 지우개가 그런 의미군요.

고객: 네.

코치: 지금 여러 가지 사물의 관점으로 살펴봤잖아요. 지금까지 말한 여러 실행 계획에 대해 어떤 생각이 들어요?

고객: 음… 뭐랄까, 우선순위가 선명해졌습니다. 주위를 둘러보라고 했을 때 희한하게 시계가 눈에 딱 들어왔고, 그 다음에는 화이트보드와 보드마카가 들어왔고, 그 후에는 지우개가 눈에 들어왔는데 무의식적으로 그걸 아는 거 같아요. 딱 정리되어가는 느낌이에요. 그래서 중요한 걸 먼저 해야 한다. 중요한 걸 먼저 하려면 일단 플랜을 확실하게 세워야 하고 불필요한 것, 중요하지도 않고 사소한 일에 쓰여지는 에너지 낭비 요소를 지워야 된다는 생각이 듭니다.

코치: 우선순위가 선명해졌고, 중요한 걸 먼저 해야 되고, 플랜을 세워야 하고, 불필요한 걸 지워라. 이렇게 말씀하셨는데, 그걸 구체적인 행동으로 말해 볼 수 있을까요?

고객: 구체적인 행동으로 말한다면 일단 이번 주가 지나고 다음 주말까지 책을 쓰는 전체적인 플랜을 완성해야겠네요. 언제까지 어떤 주제를 가지고 어떤 내용을 담아서 어떻게 끝내겠다. 그렇게 하기 위해 일주일에 어느 정도 분량의 글을 써야 되겠다. 그리고 그걸 쓰기 위해 하루에 어떤 행동을 해야 하는지가 분명하게 나와야 될 거 같습니다.

코치: 그러니까 다음 주까지 전체 책 플랜 완성하고, 언제까지 어떤 주제로 어떤 내용을 담는다는 것들을 분명하게 한다는 거군요. 이 일이 완성되면 대단하겠네요.

고객: 네.

코치: 이렇게 실천하신 걸 코치가 어떻게 알 수 있을까요?

고객: 먼저 목차를 만들어서 다음 주말까지 메일로 보내 드리겠습니다.

코치: 아주 기대되네요. 고객님은 실행력이 아주 강하신 분이라 이렇게 계획을 수립하고 나면 분명하게 잘할 수 있다는 걸 알고 있습니다. 계획 수립을 축하합니다.

고객: 감사합니다.

코치: 혹시 오늘 코칭에서 더 다루고 싶은 게 있나요?

고객: 코치님께서 이렇게 말씀해 주시니까 큰 지지를 받는 느낌이 들어요. 제가 정말 뛰고 싶은데 이렇게 뛸 수 있는 환경과 분위기를 만들어 주셔서 너무 감사해요. 이제 너 가도 돼! 하고 얘기해 주시는 것 같아서 큰 지지를 받았습니다. 감사합니다.

코치: 이 과정에서 저도 고객님께 도움이 되고 싶고 함께 있고 싶습니다. 제 도움이 필요할 때는 언제든지 말해 주시면 기꺼이 응원하겠습니다.

고객: 네에.

코치: 혹시 더 이야기하고 싶은 게 있나요?

고객: 이제 대부분 이야기했습니다.

코치: 그럼 이제 코칭을 마무리할까요?

고객: 네.

코치: 오늘 코칭을 통해 무엇을 배웠습니까?

고객: 저에게는 소명, 미션 이런 게 진짜 중요하구나! 하는 걸 다

시 한 번 확인했습니다.

코치: 소명, 미션 이런 이야기를 들으니까 고객님답다는 생각이 듭니다.

고객: 네. 그리고 영혼과 소울을 말할 때는 가슴이 뭉클해지고요. 이런 느낌과 이런 에너지로 살아야겠다는 생각이 들었고, 또 일에도 이런 에너지를 쏟아야겠다는 생각이 들었습니다. 오늘 코칭을 통해 책을 쓴다는 게 그냥 책을 쓰는 게 아니라 제가 가지고 있는 영혼의 계획을 실현하는 거라는 걸 느꼈습니다. 이제 그냥 하면 된다는 강한 확신이 들었어요. 그게 너무 감사해요. 그리고 또 느낌만으로 끝나는 게 아니라 구체적으로 언제까지 무엇을 해야겠다는 플랜을 만들었고, 이제부터는 그냥 하면 되겠다는 확신이 들었습니다.

코치: 지금 어마어마한 얘기를 하셨네요. 영혼의 계획을 실현하는 거다. 이런 표현을 했네요.

고객: 네. 저도 이 말을 하면서 놀랐습니다. 제가 오늘 받은 코칭의 제목을 영혼의 계획을 세운 것으로 하고 싶어요.

코치: 오늘 코칭을 통해 영혼의 계획을 세우셨군요. 축하드립니다. 오늘 코칭을 통해 자신에 대해 더 알게 된 건 무엇인가요? 자신이 어떤 사람인 거 같은가요?

고객: 음… 저는 돈을 버는 것도 중요하고 일하는 것도 중요하지만 저에게는 본질적인 이유가 굉장히 중요하다는 걸 확인했습니다. 그래서 내가 정말 올바른 방향과 계획 속에 있고,

그 계획을 실현하는 과정 속에 있다는 그런 확신이 있을 때 그때 가장 큰 만족감, 충만함을 느끼면서 일하고 살아갈 수 있는 사람이라는 걸 깨달았습니다.

코치: 일을 하는 본질적 이유가 중요하고, 올바른 계획과 방향으로 가고 있다는 확신이 들 때 충만감을 느낀다. 이걸 확인하셨네요. 그러면 오늘 코칭을 통해 성취한 건 뭘까요?

고객: 코칭을 통해 성취한 건 이런 발견들이죠. 제가 일하는 의미에 대한 확실한 발견과 이걸 어떻게 실행할 건지 분명한 방향성이 생긴 겁니다. 처음에 제가 코칭의 목표라고 말한 게 성취된 게 기쁘고요. 또 코치님께서 지지해 주시고 또 도움을 주신다고 하니까 큰 힘이 되었어요.

코치: 오늘 코칭을 통해 분명한 방향성을 발견했는데 이 결과로 앞으로 무엇이 달라질 거 같습니까?

고객: 제 행동이 달라지겠지요. 행동의 우선순위죠. 지금도 시계와 화이트보드, 지우개가 눈에 선명하게 들어오네요. 이걸 사진 찍어서 제 방에다가 걸어두어야겠어요. 이것들이 이런 말을 하네요. 의미 있는, 방향성에 딱 맞는 중요한 일을 먼저 해라. 그리고 네 생각을 펼쳐라. 그리고 필요 없는 건 지워라.

코치: 그런 의미를 다시 한 번 확인하셨군요. 앞으로 이 배움의 결과를 어떻게 지속하겠습니까?

고객: 시계와 상징물을 집에 붙여 놓으려고 해요. 이것들을 붙여

놓으면 자주 보게 되겠죠. 그때마다 우선순위를 확인하게 되고, 그리고 지금 무엇을 해야 하는지를 확인하게 되고, 그리고 낭비하고 있는 게 뭔지 확인할 수 있지요. 그렇게 되면 제가 이런 행동을 지속하는데 큰 힘이 되겠다는 생각이 듭니다.

코치: 축하합니다. 오늘 코칭을 통해 제가 코치로서 본 걸 말씀드리면, 고객님은 자신이 원래 본질적 이유가 중요한 사람이라는 걸 확인했고, 이대로 하면 영혼의 계획을 실현할 수 있겠다는 확신도 했습니다. 그리고 분명한 방향성을 가지고 우선순위를 지킬 수 있도록 시계와 보드마카, 지우개를 사진 찍어서 집에 붙여 놓겠다는 계획을 세웠습니다. 이런 것들이 잘 실천되고 있다는 걸 알고 싶은데 코치가 어떻게 알 수 있을까요?

고객: 네. 사진 찍어서 집에 붙여 놓은 거를 다음 주에 책 목차를 보낼 때 함께 보내겠습니다.

코치: 기대가 됩니다. 감사합니다. 이제 오늘 코칭을 마무리해도 되겠습니까?

고객: 네. 감사합니다.

코치: 수고하셨습니다.

핵심 가치의 재발견

코치: 안녕하세요? 그동안 어떻게 지냈나요?

고객: 그동안 많이 바빴어요. 복지시설 자원봉사도 했고, 아이들 개학 준비도 했고, 친구 인생 상담도 했습니다. 상담이라기보다 그냥 수다 떨면서 들어주기만 하면 되는 거지만… 지금 생각해보니 정말 많은 일들을 한 거 같네요.

코치: 많은 일을 하면서 바빴다고 했는데 지금 표정이 밝아 보이네요.

고객: 네. 지금은 해야 할 일들이 조금 정리가 된 상태라서 마음이 한결 편해졌습니다.

코치: 지금 코칭을 시작하는데 혹시 불편한 건 없으신가요?

고객: 네. 지금은 편안합니다.

코치: 혹시라도 코칭이 진행되는 동안 불편한 게 있으면 언제든지 말해 주세요.

고객: 네. 감사합니다. 코치님이 그렇게 말해 주니까 마음이 더 편안해졌어요.

코치: 그렇군요. 오늘 어떤 이야기를 해볼까요?

고객: 아이들이 커가면서 교육 문제로 고민하고 있습니다. 아이들을 어떻게 키우는 게 맞는 건지 그런 고민들이 커지고 더 구체적으로는 지금 이사를 가야 하는지, 아이들 교육을 위해 흔히 말하는 학군이 좋은 곳으로 이사를 가야 되는지 그런 것들이 고민입니다.

코치: 조금 더 자세하게 말해 줄래요?

고객: 지금 제 마음이 반반이에요. 이사를 갈까 말까? 이 사람 얘기 들으면 가야 될 것 같고, 또 한편으로는 '아니야, 그냥 여기서 살지' 하는 마음도 있어요. 근데 마음속에는 아이들을 어떻게 키워야 하는지 교육관, 철학이 확고해야 하는 거 아닌가 하는 생각도 있어서 여러 가지로 복잡해요. 근데 철학에 대한 건 오늘 코칭을 통해 금방 고민이 해결될 거 같지 않네요. 그래서 오늘은 이사를 가야 될지 말아야 될지에 대해 코칭을 받고 싶어요. 왜냐하면 내년에 이사를 가려면 미리 알아보고 해야 할 것들이 많기 때문이에요. 그래서 오늘 코칭에서는 이사를 해야 하는지 말아야 하는지에 대한 방향성이 잡히면 좋겠어요.

코치: 오늘 코칭을 통해서 이사를 가야 할지 말아야 할지에 대해 방향성을 좀 잡았으면 좋겠다는 거군요.

고객: 네.

코치: 고객님, 지금 제스처를 많이 쓰네요.

고객: 아~~ 그래요?

코치: 이야기하면서 계속 큰 제스처를 썼어요. 이 제스처가 어떤 의미일까요?

고객: 아… 제가 무의식적으로 제스처를 썼나 봐요. 생각을 안 해 봤는데, 코치님이 그 질문을 하니까 이 이슈에 대해 내가 고민을 많이 하고 있구나, 이걸 빨리 해결하고 싶구나 하는 마음이 있다는 걸 알겠네요. 그런 마음들이 그렇게 큰 제스처로 나타난 거 같네요.

코치: 빨리 해결하고 싶은 마음이 큰 제스처로 나타난 거군요.

고객: 네에.

코치: 그렇군요~ 오늘 코칭을 통해 무엇을 얻고 싶은가요?

고객: 지금 이사를 간다 안 간다 하는 마음이 거의 50 대 50이거든요. 어느 한쪽으로 51 대 49 정도라도 마음이 정해지면 좋을 거 같아요. 제 마음이 어느 정도 정해져야 남편과 이야기할 때 분명하게 제 의견을 말할 수 있고, 주위의 여러 의견에 대해서도 중심을 잡을 수 있으니까요. 완전히 80 대 20 정도까진 아니더라도, 약 60 대 40 정도라도 마음이 정해지면 좋겠어요.

코치: 그렇군요. 오늘 코칭을 통해 내 마음이 어느 쪽으로 가 있는지 확인하고 싶고, 그래서 다른 사람 말에 별로 영향을 받지 않고 스스로 결정할 수 있게 되고 싶군요.

고객: 그렇게 정리를 해 주시니까 명료해지네요. 그리고 또 하나 생각나는 게 있어요. 그 의사결정을 할 때 무의식적으로 저의 신념이나 가치관이 반영될 텐데, 나는 어떤 부모이고 싶은지, 아이들에게 어떤 걸 가르쳐주고 싶은지 하는 것들도 정리가 되면 좋겠어요.

코치: 단순하게 의사결정만 하는 게 아니라 이면에 있는 부모로서의 가치관, 신념 등에 대해서도 확인하고, 아이들에게 도움이 되는 의사결정을 하고 싶은 거군요.

고객: 네네.

코치: 그런 의사결정을 하는 게 고객님에게 어떤 의미를 가지나요?

고객: 그 의사결정은 아이들의 행복과 저의 행복에 영향을 줄 거 같아요. 그 의사결정으로 인해 이후의 생활이 달라질 것이기 때문에 저와 아이들 모두에게 행복한 방향으로 결정하고 싶어요. 긍정적인 영향을 주는 의사결정으로 우리 가족이 함께 행복했으면 좋겠어요.

코치: 부모와 아이들 모두에게 행복한 의사결정을 하고 싶군요.

고객: 네.

코치: 그 결정에 따라 삶이 달라질 수 있기 때문에 신중해지는 거구요.

고객: 네, 되게 책임감이 느껴져요. 의사결정에.

코치: 오늘 코칭을 통해 자신이 원하는 것이 명료해진 모습을 떠올려 보실래요? 그 모습을 은유나 이미지로 표현해볼 수 있을까요?

고객: 음… 단단하게 뿌리내리고 있는 커다란 나무? 이파리가 무성한 초록색 나무? 뿌리는 단단하고 그 나무그늘 아래서 아이들과 제가 밝게 웃으며 행복한 모습? 그런 게 생각나요. 커다란 나무~~~

코치: 아이들과 함께 밝게 웃을 수 있는 잎이 무성한 커다란 나무?

고객: 네.

코치: 그럼 지금 현재 상태를 은유나 이미지로 표현하면 어떤가요?

고객: 되게 얇은 갈대? 하하하~~~ 갈대가 맞나? 흐느적흐느적 흔들리고? 잎도 별로 없고 그냥 줄기만 있어서 그 근처에 있으면 사람들이 안정된 느낌이 없고 편안하지 않고 불안한? 그런 모습이네요.

코치: 얇은 갈대? 안정되지 않고. 편안하지 않고, 불안한?

고객: 네에.

코치: 근데 조금 전에 말하면서 왜 그리 크게 웃으셨어요?

고객: 아, 그 갈대요?

코치: 네, 지금 현재 상태를 이미지로 이야기하면서요.

고객: 아~~

코치: 엄청 크게 웃었어요.

고객: 제가 귀가 좀 얇아가지고 주위 사람들에게 많이 물어보거든요. 목동에 사는 친구, 아니면 이 동네 사는 사람, 막 이렇게 물어보면 그 사람들 얘기 들으면 '맞아, 맞아!' 이 말 들을 땐 이게 맞고, 왔다갔다 해가지고. 약간 좀 쑥스럽기도 하고 약간 반성 모드가 발동해가지고 그런 웃음이 나온 거 같아요.

코치: 스스로 쑥스러웠다는 건가요?

고객: 스스로 약간, 아~ 내가 왜 이렇게 주관이 없지? 제가 옛날부터 스스로 결정하는 거에 대해 두려움이 있나 봐요. 그래서 여러 사람들에게 자꾸 물어보고 그래요.

코치: 스스로 결정하는 것에 대한 두려움은 아이들의 행복도 걸려 있고 삶이 달라지고 이런 중요한 결과를 초래할 것이기 때문이군요.

고객: 음… 그렇죠. 그 결과에 대해서. 음….

코치: 그래요. 지금은 갈대 같은 상태인데 뿌리 깊은 나무가 되고 싶다는 거네요.

고객: 네에.

코치: 주위를 한 번 둘러볼래요?

고객: 네.

코치: 뭐가 눈에 보입니까?

고객: 어… 조명이 보이네요. 포인트 조명….

코치: 저 포인트 조명이 지금 고객님의 상황에 대해 뭐라고 말하

는 거 같아요?

고객: 니가 정말 중요하게 생각하는 거에 포커스를 두고 하고 싶은 걸 분명히 해라. 지금은 여기저기 막 흩어져 있는 것 같아요. 이것도 중요하고 저것도 중요하고. 그러니까 이걸 다 충족하고 싶은 거예요. 어떻게 보면 욕심이 너무 많은 거지요. 모든 걸 한꺼번에 다 할 수는 없는데 지금은 너무 여러 가지를 한꺼번에 다 해보고 싶은 마음이에요. 모든 순간에 100% 만족할 수는 없기 때문에 경중을 따져서 내려놓을 건 내려 놓아야 하는데… 저 포인트 조명은 중요한 걸 분명하게 해라, 이렇게 말하는 거 같아요.

코치: 그렇군요. 주위를 한 번 더 둘러볼래요? 또 뭐가 보이나요?

고객: 아… 밖에 보이는 저 나무? 초록색 잎이 있는 나무. 창문 밖에 있는 나무.

코치: 저 나무는 지금 고객님에게 뭐라고 말하나요?

고객: 나무는 주위에 쉴 수 있는 그늘도 주고 여러 곤충이나 동물들이 함께 어우러질 수 있는 그런 걸 마련해 주잖아요. 나무가 그렇듯이 내 결정도 나 자신의 에고나 좁은 시야가 아니라 많은 사람들에게 두루두루 유익하게, 아이를 비롯해서 부모님이나 주위의 소중한 사람들에게 더 유익한 결정이면 좋겠고, 그들의 행복에 도움이 되는 결정이면 좋겠네요.

코치: 아이들과 부모님, 주위 사람들에게 두루두루 행복한 결정을 하고 싶은 거군요.

고객: 네에.

코치: 아까 포인트 조명이 말한 것과 지금 말하는 게 조금 다른 거 같네요.

고객: 음… 그런 것 같아요. 포인트 조명은 중요한 것에 포커스를 두고 내려놓을 건 내려 놓으라 하고, 나무는 주변 사람들에게 두루두루 행복을 주는 결정을 하라고 하네요. 근데 다시 생각해 보니 포인트 조명이 말하는 것과 나무가 말하는 게 다르지 않네요.

코치: 조금 자세하게 말해줄래요?

고객: 이사를 가면 아이들 공부 환경은 좋아지지만 다른 것들은 모두 나빠지네요. 저의 친정어머니는 손주들을 자주 보고 싶어서 멀리 이사 가는 걸 싫어하고, 아이들도 친구들과 헤어지는 걸 싫어하고, 저도 지금보다 불편한 집에서 생활해야 하네요. 아이들 공부만 생각하고 다른 건 생각하지 않았던 저에게, 나무는 두루두루 보라고 하고, 포인트 조명은 포인트가 어긋났다고 말하고 있어요.

코치: 나무는 두루두루 보라고 하고, 포인트 조명은 중요한 것에 포커스를 맞추어야 하는데 포인트가 어긋난다고 말하는 건가요?

고객: 지금 제 생각이 많이 분산되어 있는 거 같아요. 포인트 조명은 저의 핵심 욕구에 중점을 두라고 말하고, 나무는 그 핵심 욕구를 충족하는데 필요한 다양한 것들을 두루두루 살피라

고 하네요.

코치: 지금 말하면서 어때요? 생각이 어떻게 정리되나요?

고객: 제 생각이 정리가 잘 안 되네요. 혼란스러워요. 이사를 가야 겠다고 생각했을 땐 아이 공부만 고려했었던 거 같아요. 이사를 가면 아이들이 조금 더 좋은 대학에 갈 수 있을 거라 생각했는데, 지금 생각해보니 이게 정말 중요한 건가? 하는 생각이 드네요. 이게 아이들이 정말 행복한 건가? 하는 생각도 들고, 나도 엄마로서 더 나은 환경에서 생활하고 싶은 마음이 동시에 있네요. 다른 것들을 모두 포기하고 아이들 교육에만 올인하는 게 맞는 건가? 하는 생각이 들어요.

코치: 지금 그 말을 하면서 마음이 어때요?

고객: 음… 아이들에게 조금 미안한 마음도 있고, 스스로에 대해서도 놓치고 있었던 것들에 대해 다시 생각해보게 되니까 내가 왜 그랬을까 하는 자책? 자책까지는 아니더라도, 아~ 이러면 안 되겠다는 생각이 들어요.

코치: 조금 전까지 표정이 밝았는데, 지금 고객님의 표정이 어두워져서 염려가 되는군요. 지금 코칭이 고객님이 원하는 방향으로 제대로 가고 있는 건가요?

고객: 네. 제대로 가는 건 맞는데… 제가 별로 직면하고 싶지 않은 그런 걸 보게 되면서 약간 불편해졌어요. 지금 어두운 표정은 그 불편함에서 나오는 것 같은데, 그래도 지금 코칭이 제가 정말로 중요하게 생각하는 것들을 살펴보고 있는 과정에

있는 거라서 괜찮아요. 조금 불편하더라도 제가 진짜로 원하는 게 뭔지 살펴보고 싶어요.

코치: 그렇군요. 그럼 한 번 더 볼까요. 주위에 뭐가 보이나요?

고객: 제 앞에 계신 코치님이 보여요.

코치: 아~ 코치!

고객: 네. 코치님이 계시네요.

코치: 만약 고객님이 코치라면 스스로에게 뭐라고 말해 주고 싶은가요?

고객: 저는 강의할 때 사람들에게 핵심 욕구의 중요성에 대해 강조하는데 정작 저는 그렇게 하지 않네요. 제가 코치라면 '너의 핵심 욕구가 뭐니? 니가 정말 원하는 게 뭐니?' 물어보고 싶어요.

코치: 핵심 욕구에 맞는 의사결정을 해야 하는데 지금 자신의 상태가 자신이 원하는 것과 차이가 있다는 걸 확인하셨군요.

고객: 네.

코치: 그럼, 자신이 원하는 의사결정을 하기 위해서 구체적으로 뭘 해야 할까요?

고객: 음… 우선 가능하면 이사에 관련된 사람들이 정말로 원하는 게 뭔지 이야기해보고 싶어요. 아이들, 남편, 저의 부모님들, 이 사람들과 그들이 정말 원하는 게 뭔지 이야기해보고 싶어요. 그동안에는 그들의 이야기는 듣지 않고 제 주장만 했거든요. 여기저기에서 들은 정보를 가지고 가족들을 설

득하기만 했어요. 그게 잘못된 거 같아요. 무조건 설득할 게 아니라 이 결정에 관련된 사람들의 목소리부터 듣는 게 출발점이 돼야겠네요.

코치: 여태까지는 설득만 하려 했다면 이제는 아이들과 남편, 부모님들의 이야기를 충분히 들어보겠다는 거군요.

고객: 네에.

코치: 그분들의 이야기를 충분히 듣는 게 어떤 의미를 갖나요?

고객: 가족들의 이야기를 충분히 듣고 나서 결정한다면, 어느 쪽으로 결정이 되든 본인의 의견이 반영됐기 때문에 그 결정에 대한 수용도가 더 높아지고 함께 책임지고 함께 노력할 수 있을 거 같아요. 만약 이사를 가더라도 엄마가 일방적으로 가자고 해서 간 게 아니기 때문에 이사를 가고 나서 본인이 힘들어도 조금 더 자발적으로 뭔가 더 해보려는 의지가 생길 거 같고요. 그 과정에서 서로 소통하면서 서로에 대한 믿음도 더 커지겠고요. 엄마가 일방적으로 지시하는 게 아니라 우리 의견도 소중하게 생각하는구나 하는 서로에 대한 신뢰? 이런 것도 더 커질 거 같아요.

코치: 가족들의 이야기를 충분하게 듣는 게 서로에 대한 믿음, 신뢰, 수용도가 더 커지는 거군요. 가족들과 언제 대화하실 건가요?

고객: 우선 까먹기 전에 집에 가서 이사로 인해 가장 많이 영향을 받을 첫째 아들의 이야기부터 들어봐야겠네요.

코치: 그 다음에는 또 어떻게?

고객: 그 다음에는 남편과 이야기하고. 그 다음에는 둘째도 나름 의견이 있을 테니 둘째 의견도 들어보고 의견을 어느 정도 종합해야겠지요. 또 시댁 부모님이 중학교 교사로 오래 근무하셨기 때문에 시부모님 말씀도 들어보려고 해요.

코치: 남편하고 둘째 이야기는 언제 들을 건가요?

고객: 주말쯤에요. 남편은 바쁠 때 이야기하는 걸 되게 싫어해서 좀 시간적 여유가 있는 주말에 술 한 잔 마시면서 이야기하려고 해요. 그게 이야기를 끌어내는데 있어서 남편에게 좋은 방법이기 때문에 가볍게 맥주 한 잔 하면서 이야기해야겠어요. 남편은 그냥 이야기하자고 하면 안 할 거예요. 후후후~~~

코치: 가족, 시부모님과 서로 충분하게 이야기하는 게 일방적인 설득보다 더 의미가 있군요. 주말까지 대화해보겠다고 하셨는데, 어떤 결과가 있었는지 코치로서 알고 싶군요. 제가 어떻게 알 수 있을까요?

고객: 주말 지나고 나서 다음 주 월요일 정도에 저희 가족끼리 의견 공유한 거를 말씀드리면 어떨까 싶어요.

코치: 기대가 됩니다.

고객: 네.

코치: 더 다루고 싶은 게 있으신지요?

고객: 더 다루고 싶은 거보다 오늘 코칭을 통해서 행복이라는 키

워드가 머릿속에 남아요. 내가 정말 아이들이나 부부의 행복을 정말 중요하게 생각하고 있구나. 좋은 대학 이런 건 어찌 보면 하나의 수단일 수 있는데, 꼭 좋은 학교 가는 게 행복의 지름길인 것처럼 너무 거기에만 빠져 있었구나 하는 성찰이 있었고, 그래서 그 행복이라는 키워드가 가슴에 남아서 그게 큰 의미가 있었어요.

코치: 자신이 가족의 행복을 소중하게 여기고 있다는 걸 알게 됐다고 했는데, 그럼 오늘 코칭을 통해 자신에 대해 새롭게 알게 된 건 무엇인가요?

고객: 자신에 대해 새롭게? 음… 그러니까 제가 하고 있는 일, 코치로서 강사로서 제가 다른 사람들과 나누고 싶은 중요한 것들을 제 삶에서도 실천하고자 하는 마음이 있구나 하는 깨달음! 저의 말과 실제 행동을 일치시키려고 하는 것, 이런 것들을 중요하게 생각하고 있구나. 그게 잘 안 될 때 스스로 내적 갈등이 있었구나 하는 걸 깨달았고, 또 행복이라는 얘기를 하면서 내가 가족들의 행복에 기여하고 싶은 마음이 있다는 것에 대해 스스로 칭찬해 주고 싶은 마음도 생겼어요. 여러 가지로 고민하는 제 모습에 대해 '그래 애쓰고 있다' 하고 칭찬해 주고 싶은 마음이 좀 들어요.

코치: 삶에서 자신의 생각들을 실천하려고 하는 모습, 이런 것들을 스스로에게 칭찬해 주고 싶군요. 그럼 지금 스스로에게 칭찬해보시겠어요?

　　　　　　　　　　　　　　 마스터코치의 코칭 레시피

고객: 스스로에게요? 쑥스럽네요… '요즘 일에서나 가정에서나 정말 최선을 다하려고 하는 모습이 보기 좋아~~ 뭔가 결정을 할 땐 주위 사람들만 보지 말고 너 자신에 대해서도 생각해 봐라. 너 지금 잘하고 있고, 너 충분히 행복할 자격이 있어….'

코치: 최선을 다해 열심히 살고 있으니 스스로도 조금 챙겨라. 너는 충분히 행복할 자격이 있다.

고객: 네.

코치: 아~~그러네요. 좋습니다. 고객님, 오늘 코칭을 통해 성취한 게 있다면 무엇입니까?

고객: 표면적으로는 이사를 가야 하는지 말아야 하는지가 이슈였지만, 그거보다 더 큰 건 제 이면에 제가 중요하게 생각하고 있는 게 뭔지 발견했습니다. 이번 이슈뿐만 아니라 인생을 살아가면서 중요한 선택의 기로에 놓였을 때 방향성을 잡게 하는 밑거름이 될 거 같아요. 그동안 너무 바쁘게 살다 보니 그걸 놓치고 살았네요. 제가 지키면서 살고 싶은 핵심 가치에 대해 다시 한 번 확인할 수 있었습니다. '그래, 나 이랬지' 하고 결심을 다지는 그런 시간이었어요.

코치: 자신의 핵심 가치를 확인했군요. 오늘 이 코칭의 결과로 앞으로 뭐가 달라질 거 같아요?

고객: 음… 우선 이사를 안 가는 쪽으로 마음이 조금 더 기울고 있네요. 하하하~~~ 마음이 편안해졌어요. 그래서 그 고민

하는데 쓰던 에너지를 다른 생산적인 일에 쓸 수 있지 않을까 하는 생각이 드네요.

코치: 근데 조금 전에 이야기하면서 왜 그렇게 크게 웃었어요?

고객: 제 스스로 어느 정도 생각을 했는데 코치님과 이야기하면서 그게 더 또렷하게 보이니까 아~ 이래서 코칭이 필요하구나, 제가 코칭을 하고 있지만 이 짧은 시간에 이렇게 명확해진 게 신기하기도 하고 반갑고, 제 마음이 이쪽으로 조금 더 넘어갔다는 게 반갑기도 해요. 그래서 웃었어요.

코치: 지금 알아차린 걸 어떻게 지속적으로 실천할 수 있을까요?

고객: 제가 자주 보는 게 핸드폰이니까 핸드폰 바탕화면에 제가 중요하게 생각하는 가치들 2~3개를 깔아 놓고 자주 봐야겠어요. 코치로서 활동하고 있지만 코칭을 받는 거에는 소홀했어요. 그래서 정기적으로 멘토 코칭을 받아야겠다는 생각이 들어요.

코치: 그렇군요. 오늘 코칭의 성과를 한 마디로 말한다면 어떻게 말하겠어요?

고객: 음… 행복이라는 나의 핵심 가치의 재발견? 그리고 실행에 대한 다짐?

코치: 행복이라는 핵심 가치의 재발견과 실행에 대한 다짐을 했군요, 오늘 성취한 거 축하합니다.

고객: 고맙습니다.

위 두 코칭 사례는 실제로 코칭했던 내용을 녹음해서 축어록을 만들고 고객의 이야기가 잘 전달될 수 있도록 문장을 축약하는 과정을 거쳤습니다. 앞에서 공부한 내용들이 실제 코칭에서 어떻게 드러나고 있는지 확인하면서 이 코칭 사례를 여러 번 반복해서 읽는다면 코칭 실력 향상에 도움이 될 수 있을 것으로 생각됩니다.

DSA 질문을 모두 암기하고 있으면 실제 코칭에서 유용하게 사용할 수 있을 것으로 생각되어 앞에서 공부했던 질문들을 한 곳으로 모아 [부록 1 DSA 모델 질문 리스트]에서 소개합니다.

남을 위하는 동시에
자기를 이롭게 한다

코치가 된 지 15년이 지났습니다. 사람들이 묻습니다.

"코치가 되고 나서 뭐가 달라졌습니까? 코치가 되면 뭐가 좋은가요?"

저는 주변 사람들과 관계가 좋아졌습니다. 특히 아내와 아이들과의 관계가 눈에 띄게 좋아졌습니다. 부끄러운 내용이지만 아내와의 대화를 소개합니다.

"여보, 내가 만약 코치가 되지 않고 옛날처럼 살았으면 어떻게 됐을까?"

"그걸 말이라고 해? 예전처럼 그렇게 살았으면 당신은 아마도 지금쯤 지옥에 가 있겠지!"

참담했습니다. 그래도 꾹 참고 물었습니다.

"지금은 어때?"

"이젠 내가 당신에게 천국행 티켓을 발행해줄게!"

저는 코치가 되고 나서 아내에게서 천국행 티켓을 받았습니다.

사람들이 묻습니다.

"다른 사람의 이야기를 들어주는 게 힘들지 않습니까?"

그랬습니다. 저도 처음엔 아주 힘들었습니다. 그런데 차츰 시간이 지나면서 듣는 건 능력이라는 사실을 알게 됐습니다. 능력은 갈고 닦아야 향상되듯이 듣는 능력도 마찬가지입니다. 연습을 해야 실력이 향상될 수 있습니다.

15년을 노력하니 이젠 제법 듣는 실력이 늘었습니다. 일상에서 '입으로 듣기'를 실천하려고 노력하고 있습니다. 입으로 들으면 상대가 아주 좋아합니다. 상대가 좋아하니까 저도 기분이 좋습니다. 서로 신뢰가 쌓이고 관계가 좋아집니다.

흔히 '들어 준다'고 말하는데 엄밀히 말하면 잘못된 표현입니다. 듣는 건 내가 누군가를 위해 베푸는 행위가 아닙니다. 듣는다는 건 오히려 자신을 위한 행위입니다. 듣기를 통해 상대의 경험과 지식을 알게 되기도 하고 상대의 노하우도 알 수 있습니다. 상대가 어떤 사람인지도 알 수 있습니다. 정현종 시인의 "사람이 온다는 건 어마어마한 일이다. 왜냐하면 그 사람의 인생이 함께 오기 때문"이라는 말을 코칭을 하는 내내 실감하고 있습니다.

코칭을 하면서 고객의 이야기를 듣다보면 그 사람의 인생을 송두

리째 알게 되기도 합니다. 고객의 이야기를 들으면서 오히려 제가 배웁니다. 그래서 '들어 준다'는 표현은 틀린 것입니다. 듣는다는 건 언제나 자신을 위한 행위입니다.

코칭을 하고 난 저녁에 아내에게 말했습니다.

"여보, 코치라는 직업이 너무 감사한 거 같아."

"자세하게 말해 봐요."

"오늘 코칭을 하면서 내가 엄청 많이 배웠어. 그분의 이야기를 들으면서 새로운 것도 많이 알게 됐고 통찰도 생겼어. 내가 돈을 받고 코칭을 하는데 내가 오히려 더 많이 배우니까 얼마나 감사한 일인지…."

"그러니까 당신은 코치가 된 걸 감사하게 생각해야 해요."

형제들이나 친구, 동료들이 저에게 조언을 구합니다. 그런데 저는 조언을 하지 않으려고 노력합니다. 제가 생각하는 답은 그 사람에겐 답이 될 수 없다는 걸 잘 알고 있기 때문입니다. 그래서 답을 주려고 하는 대신 그냥 듣습니다. 공감하기도 하고 맞장구를 치기도 하면서 입으로 듣습니다. 일상에서 코칭 대화 모델에 따라 질문하면 왕따를 당한다는 걸 잘 알고 있기 때문에 코칭 장면이 아니면 코칭 질문을 하지 않습니다.

다만 그 사람이 내면에 스스로 답을 가지고 있다고 믿고 호기심을 가지고 들을 따름입니다. 그냥 들으면 됩니다. 저에게 조언을 해달라고 할 때 제 답을 원하는 게 아니라 그냥 들어주길 원하는 거라는 걸

마스터코치의 코칭 레시피

저는 잘 알고 있습니다. 가르치려고 하거나 조언하려고 애쓰지 않고 그냥 들으면 신기한 일이 일어납니다. 그저 듣기만 했는데 상대는 고맙다고 합니다. 제 조언이 도움이 됐다고 합니다. 저는 조언한 게 없고 그냥 듣기만 했는데도 말입니다.

저는 알고 있습니다. '내가 주는 답은 그 사람에겐 답이 아니다. 그 사람은 스스로 내면에 답을 가지고 있다. 그냥 들어주면 자기가 답을 찾는다.'

코치가 된다는 건 일정 수준의 노력을 필요로 합니다. 시간이 지나면서 그 노력이 쌓이면 그 보답은 자신에게 고스란히 돌아옵니다. 이게 바로 코칭의 매력입니다. 투자한 것의 10배, 20배 이상으로 돌아오는 게 코칭입니다.

후배가 물었습니다.

"누구나 코치가 될 수 있습니까? 코치가 된 걸 후회하지 않을 수 있습니까? 저는 후회하지 않을 결정을 하고 싶습니다."

그게 후회하는 결정이 될지, 후회하지 않을 결정이 될지는 결정하고 난 후의 자신의 행동에 달려 있습니다. 코치가 됐다고 해서 저절로 행복해지지는 않습니다. 올바른 노력을 얼마나 지속적으로 많이 하는지에 달려 있습니다. 올바른 노력입니다. 내가 잘나 보이려고 하는 게 아니라 기꺼이 상대를 빛나게 해 주려는 마음을 가지고 하는 노력입니다.

〈법화경〉에 '상불경보살(常不輕菩薩)'이라는 분이 있습니다. 사람들을 업신여기지 않고 항상 다른 사람을 공경한 덕분에 별다른 도를 닦지 않고도 부처가 됐다는 분입니다. 코칭도 마찬가지라 생각합니다. 코치로서의 성공은 다른 사람들을 존중하겠다는 마음이 있는지가 관건입니다.

코치로서 성장하기 위해선 다른 사람의 이야기를 잘 듣는 것만큼 자신의 소리를 잘 듣는 것도 중요합니다. 코치로서 자신이 어떤 사람인지, 어떤 행동을 하고 있는지, 자기 내면의 소리를 들을 수 있어야 합니다. 저는 아침에 눈을 뜨면 제일 먼저 저의 내면의 소리를 듣습니다. 한 시간 정도 명상을 합니다. 명상을 하는 동안 저의 내면의 크고 작은 목소리를 들을 수 있습니다.

'나는 누구인가? 산다는 건 무엇인가? 어떻게 살고 싶은가? 이 뭣고?'

이런 질문을 통해 제 삶을 성찰하고 반성합니다. 이런 노력들은 저를 코치로서 성장시키고 행복하게 만들어 주었습니다. 자신에게 묻습니다. '나는 지금 어떤 사람이 되어가고 있는가? 나는 지금 향기로운 사람인가?'

코칭을 한다는 건 멋진 일입니다. 마치 '상구보리 하화중생(上求菩提 下化衆生)'의 정신과 닮았습니다. '상구보리' 위로는 '보리(진리)'를 구하고, '하화중생' 아래로는 중생을 위한다는 뜻입니다. 코칭을 통해 고객의 성공을 돕는 게 진리를 추구하는 '상구보리'에 해당하고, 고객의 성공은 곧 코치의 행복으로 연결된다는 건 '하화중생'으로 이해가 됩니다. 이는 남을 위하는 것과 동시에 자기를 이익 되게 하는 '자리이타(自利利他)'의 정신과도 맞닿아 있습니다. 코치가 된다는 건 '상구보리 하화중생'하고 자리이타를 실천하는 삶을 살아가는 것입니다.

처음에 코칭을 공부할 때 내 판단을 내려놓고 고객의 말을 있는 그대로 듣는 일이 마치 수행하는 것 같았습니다. 정말 힘들었습니다. 수행이라는 말보다 고행이라는 말이 더 어울릴지도 모릅니다. 그런데 시간이 흐르고 노력이 더해지면서 고행이 수행이 되고 수행은 감사로 이어졌습니다. 고객을 위한 모든 노력이 저의 행복으로 연결되었습니다. 감사한 일이 아닐 수 없습니다. 저에게 코칭은 처음엔 고행과 수행이었지만 이젠 감사입니다. 더 많은 사람들이 코칭을 공부해서 우리 사회가 더 행복한 사회가 되었으면 좋겠습니다.

DSA 모델 질문 리스트

Intimacy: 신뢰와 친밀감 쌓기

- 안녕하세요?
- 그동안 어떻게 지냈습니까?
- 지금 혹시 불편한 건 없으신가요?
- 코칭 진행 중에 혹시 불편한 게 있으면 언제든지 말해 주세요.
- 지금 마음이 어떠세요?

Discover: 발견을 격려하기

- 오늘 어떤 이야기를 해볼까요?
- 오늘 코칭을 통해 무엇을 얻고 싶은가요?
- 오늘 코칭을 마쳤을 때 무엇을 얻고 싶습니까?
- 오늘 코칭의 성공을 어떻게 정의하겠습니까?
- 성공했다는 걸 어떻게 알 수 있을까요? 성공의 척도는 무엇입니까?
- 오늘 코칭이 성공하는 건 고객님에게 어떤 의미가 있습니까?
- 그걸 얻게 되면 어떤 점이 좋습니까?
- 오늘 코칭이 성공한 모습을 은유나 이미지로 표현해 보시겠습니까?

Strategy: 전략 수립을 지원하기

- 지금 현재는 어떻습니까?
- 목표를 이루기 위해서 무엇을 해야 할까요? 그리고 또?
- 주변을 둘러보세요. 무엇이 보입니까? 그 관점에서 이 주제를 보면 어떤 생각이 듭니까?
- 또 뭐가 보이나요? 그것의 관점에서 본다면? 지금까지 살펴 본 관점 중에서 어떤 관점이 마음에 드나요? 그 관점에서 보면 무엇을 하고 싶은가요?
- 지금 코칭이 원하는 방향으로 가고 있습니까?

Action & Achieve: 실행하고 성취하기

- 구체적으로 무엇을 하겠습니까?
- 그건 현실적인가요?
- 어떻게 측정할 수 있습니까?
- 언제까지 하겠습니까?
- 실행 내용을 코치가 어떻게 알 수 있을까요?

Closing: 의식 확대 및 마무리하기

코치의 질문

- 오늘 코칭을 통해 무엇을 배웠습니까?
- 오늘 코칭을 통해 새롭게 발견한 것은 무엇입니까?
- 오늘 코칭을 통해 관점이 전환된 것은 무엇입니까?
- 오늘 코칭을 통해 상황에 대해 새롭게 알게 된 것은 무엇입니까?
- 오늘 코칭을 통해 자신에 대해 알게 된 것은 무엇입니까?
- 오늘 코칭을 통해 성취한 것은 무엇입니까?
- 오늘 코칭의 결과로 앞으로 무엇이 달라지겠습니까?

코치의 확인

- 고객이 성취한 걸 말해준다.
- 시각을 전환한 걸 말해준다.
- 새로운 의미를 부여한 걸 말해준다.
- 실행 의지를 강력하게 부여한 걸 말해준다.
- 축하하고 지지하고 응원해준다.

ICF Core Competencies _ Revised Edition
국제코치연맹 코칭 핵심역량_개정판

국제코치연맹(International Coach Federation : ICF)은 2019년 11월에 그동안 25
년간 사용해 오던 코칭 핵심역량을 개정했습니다. 이 핵심역량에는 전 세계 코
치들의 40년 이상의 노하우가 총망라되어 있습니다. 국제코치연맹은 전 세계
코치들을 대상으로 설문조사도 하고 학술연구도 했으며, 인증 자격을 가진 코
치들과 폭넓은 토론을 통해 코치들의 의견을 수렴했습니다.

이 핵심역량은 코치의 성장 발전을 돕는 가이드인 동시에 국제코치연맹 코치
자격시험 기준입니다. 이 핵심역량을 잘 읽고 이해하면 코치로서 어떤 역량을
개발해야 하는지 파악할 수 있습니다.

A. Foundation
기반

1. **Demonstrates Ethical Practice**
   윤리 실천하기
   **Definition : Understands and consistently applies coaching ethics and
   standards of coaching.**
   정의: 코칭의 윤리와 기준을 이해하고 지속적으로 적용한다.

1. Demonstrates personal integrity and honesty in interactions with clients, sponsors and relevant stakeholders.

   고객, 스폰서 및 이해관계자와의 상호작용에서 코치의 성실성과 정직성을 보여준다.

2. Is sensitive to clients' identity, environment, experiences, values and beliefs.

   고객의 정체성, 환경, 경험, 가치 및 신념을 민감하게 알아차린다.

3. Uses language appropriate and respectful to clients, sponsors and relevant stakeholders.

   고객, 스폰서 및 이해관계자에게 적절하고 존중을 담은 언어를 사용한다.

4. Abides by the ICF Code of Ethics and upholds the Core Values.

   ICF의 윤리강령을 준수하고 핵심가치를 따른다.

5. Maintains confidentiality with client information per stakeholder agreements and pertinent laws.

   고객, 이해관계자와 협의한 내용은 법률에 위배되지 않는 한 비밀을 유지한다.

6. Maintains the distinctions between coaching, consulting, psychotherapy and other support professions.

   상담, 심리치료 및 기타 이와 같이 사람을 지원하는 전문 직종과 코칭이 다른 점을 분명하게 밝힌다.

7. Refers clients to other support professionals, as appropriate.

필요한 경우 고객에게 다른 전문가를 소개한다.

2. Embodies a Coaching Mindset
코칭에 적합한 마음가짐 가지기

Definition: Develops and maintains a mindset that is open, curious, flexible and client-centered.

정의: 개방적이고 호기심 많고 유연하며 고객중심적인 사고방식을 개발하고 유지한다.

1. Acknowledges that clients are responsible for their own choices.
고객이 하는 선택에 대한 책임은 고객 스스로에게 있음을 받아들인다.

2. Engages in ongoing learning and development as a coach.
코치로서 지속적으로 학습하고 발전하도록 노력한다.

3. Develops an ongoing reflective practice to enhance one's coaching.
코칭이 향상되도록 끊임없이 성찰한다.

4. Remains aware of and open to the influence of context and culture on self and others.
맥락과 문화가 자신과 타인에 미치는 영향을 깨닫고 맥락이나 문화가 미치는 영향에 열린 태도를 가진다.

5. Uses awareness of self and one's intuition to benefit clients.
직관을 고객에게 유익한 방향으로 활용한다.

6. Develops and maintains the ability to regulate one's emotions.
감정 조절 능력을 개발하고 유지한다.

7. Mentally and emotionally prepares for sessions.
정신적으로도 감정적으로도 코칭 세션을 준비한다.

8. Seeks help from outside sources when necessary.
필요하다면 외부의 도움을 구한다.

B. Co-Creating the Relationship
관계 공동구축

3. Establishes and Maintains Agreements
합의하고 지키기
Definition: Partners with the client and relevant stakeholders to create clear agreements about the coaching relationship, process, plans and goals. Establishes agreements for the overall coaching engagement as well as those for each coaching session.
정의: 고객 및 이해관계자와 함께 코칭관계, 프로세스, 계획 및 목표에 대해 명확하게 합의한다. 코칭 전반에 대한 합의와 함께 각 코칭 세션에 대해서도 합의한다.

1. Explains what coaching is and is not and describes the process to the client and relevant stakeholders.

코칭이 무엇인지 설명하고 고객 및 이해관계자에게 코칭의 프로세스를 알린다.

2. Reaches agreement about what is and is not appropriate in the relationship, what is and is not being offered, and the responsibilities of the client and relevant stakeholders.
코칭관계에서 적절한 것과 적절하지 않은 건 무엇인지, 코칭에서 제공하는 것과 제공하지 않는 건 무엇인지, 고객 및 이해관계자의 책임은 무엇인지에 대해 합의한다.

3. Reaches agreement about the guidelines and specific parameters of the coaching relationship such as logistics, fees, scheduling, duration, termination, confidentiality and inclusion of others.
장소, 비용, 일정, 지속 기간, 종결, 비밀 유지 및 세션에 함께할 다른 사람이나 사항 등 코칭관계와 관련된 구체적인 사항이나 가이드라인에 대해 합의한다.

4. Partners with the client and relevant stakeholders to establish an overall coaching plan and goals.
고객 및 이해관계자와 함께 전반적인 코칭 계획과 목표를 수립한다.

5. Partners with the client to determine client-coach compatibility.
고객과 함께 고객과 코치의 적합성을 파악한다.

6. Partners with the client to identify or reconfirm what they want to accomplish in the session.
고객과 함께 고객이 세션에서 얻고자 하는 걸 정의하거나 재확인한다.

7. Partners with the client to define what the client believes they need to address or resolve to achieve what they want to accomplish in the session.
고객과 함께 고객이 세션에서 얻고자 하는 걸 달성하기 위해 다룰 것이나 해결하려 하는 게 무엇인지 규정한다.

8. Partners with the client to define or reconfirm measures of success for what the client wants to accomplish in the coaching engagement or individual session.
고객과 함께 코칭을 하면서 또는 각 세션에서 고객이 성공을 어떻게 측정할 것인지 정의하거나 재확인한다.

9. Partners with the client to manage the time and focus of the session.
고객과 함께 코칭 세션의 초점 및 시간을 합의한다.

10. Continues coaching in the direction of the client's desired outcome unless the client indicates otherwise.
고객이 다른 이야기를 하지 않는 한 고객이 원하는 결과를 달성하도록 코칭을 지속한다.

11. Partners with the client to end the coaching relationship in a way that honors the experience.
고객과 함께 고객이 경험한 걸 중히 여기며 코칭관계를 종료한다.

4. Cultivates Trust and Safety
신뢰와 안전한 환경 만들기
Definition: Partners with the client to create a safe, supportive

environment that allows the client to share freely. Maintains a relationship of mutual respect and trust.

정의: 고객이 마음 편히 이야기할 수 있도록 안전하고 지지적인 환경을 만든다. 상호존중하고 신뢰하는 관계를 유지한다.

1. Seeks to understand the client within their context which may include their identity, environment, experiences, values and beliefs.

고객의 정체성, 환경, 경험, 가치 및 신념과 같은 맥락에서 고객을 이해하려 노력한다.

2. Demonstrates respect for the client's identity, perceptions, style and language and adapts one's coaching to the client.

고객의 정체성, 인식, 스타일 및 언어를 존중하며 고객에 맞추어 코칭한다.

3. Acknowledges and respects the client's unique talents, insights and work in the coaching process.

코칭을 하면서 고객 고유의 재능, 통찰, 업적을 인정하고 존중한다.

4. Shows support, empathy and concern for the client.

고객을 지지하고 공감하고 관심을 갖는 태도를 보인다.

5. Acknowledges and supports the client's expression of feelings, perceptions, concerns, beliefs and suggestions.

고객의 감정 표현, 인식, 관심사, 신념 및 의견을 인정하고 지지한다.

6. Demonstrates openness and transparency as a way to display vulnerability and build trust with the client.

고객이 취약한 부분도 드러낼 수 있도록 개방적이고 투명한 모습을 보여준다.

5. Maintains Presence

현재에 머무르기

Definition: Is fully conscious and present with the client, employing a style that is open, flexible, grounded and confident.

정의: 온전히 깨어 있으며 고객과 함께하고, 개방적이고 유연하며 자신감 있게 코칭한다.

1. Remains focused, observant, empathetic and responsive to the client.

초점을 유지하고 예리하게 관찰하고 공감하고 호응하는 태도를 가진다.

2. Demonstrates curiosity during the coaching process.

코칭하는 내내 호기심을 가지고 대한다.

3. Manages one's emotions to stay present with the client.

지금 이 순간 고객과 함께할 수 있도록 코치 스스로의 감정을 관리한다.

4. Demonstrates confidence in working with strong client emotions during the coaching process.

고객의 강렬한 감정을 다루면서도 자신감을 보여준다.

5. Is comfortable working in a space of not knowing.

낯선 공간에서도 편안하게 임한다.

6. Creates or allows space for silence, pause or reflection.

침묵을 위한 공간을 허락하고 성찰을 위해 잠시 멈추기도 한다.

C. Communicating Effectively
효과적인 의사소통

6. Listens Actively

적극적으로 경청하기

Definition: Focuses on what the client is and is not saying to fully understand what is being communicated in the context of the client systems and to support client self-expression.

정의: 고객이 말한 것과 말하지 않은 것에까지 집중하여 고객이 처한 맥락에서 드러나는 모든 걸 이해하고, 고객이 스스로 표현하도록 지원한다.

1. Considers the client's context, identity, environment, experiences, values and beliefs to enhance understanding of what the client is communicating.

고객이 말하는 맥락, 고객이 가진 독자적인 성향, 고객의 상황, 고객이 한 경험, 가치와 신념을 고려하여 고객의 말에 대한 이해도를 높인다.

2. Reflects or summarizes what the client communicated to ensure clarity and understanding.

고객의 말을 그대로 반영하거나 요약하여 명확하게 하고 이해를 높인다.

3. Recognizes and inquires when there is more to what the client is

communicating.

고객의 말 그 이상의 무언가가 더 있을 때 그걸 알아차리고 질문한다.

4. Notices, acknowledges and explores the client's emotions, energy shifts, non-verbal cues or other behaviors.

감정, 에너지 변화, 비언어적인 표현 등 고객의 어떤 행동들에 대해 알아차리고 알아차린 걸 고객에게 알리며 탐구한다.

5. Integrates the client's words, tone of voice and body language to determine the full meaning of what is being communicated.

고객이 사용하는 단어, 고객의 목소리 톤, 몸짓을 통합적으로 들음으로써 고객이 하는 말의 모든 의미를 밝힌다.

6. Notices trends in the client's behaviors and emotions across sessions to discern themes and patterns.

세션 전반에 걸쳐 고객의 행동과 감정의 양상을 파악하여 주제와 패턴을 포착한다.

7. Evokes Awareness

의식 일깨우기

Definition: Facilitates client insight and learning by using tools and techniques such as powerful questioning, silence, metaphor or analogy.

정의: 강력한 질문, 침묵, 은유나 비유 등의 도구나 기법을 통해 고객의 통찰과 배움을 촉진한다.

1. Considers client experience when deciding what might be most useful.

가장 유용한 게 무엇인지 결정할 때 고객의 경험을 고려한다.

2. Challenges the client as a way to evoke awareness or insight.
   고객에게 도전하여 고객의 인식과 통찰을 일깨운다.

3. Asks questions about the client, such as their way of thinking, values,
   needs, wants and beliefs.
   고객의 사고방식, 가치, 욕구, 바람, 신념 등에 대한 질문을 한다.

4. Asks questions that help the client explore beyond current thinking.
   고객이 늘 하던 생각을 뛰어넘어 탐색하게 하는 질문을 한다.

5. Invites the client to share more about their experience in the moment.
   고객이 지금 이 순간의 경험 그 이상의 것을 공유하도록 요청한다.

6. Notices what is working to enhance client progress.
   고객을 발전하게 하는 것에 주목한다.

7. Adjusts the coaching approach in response to the client's needs.
   고객의 욕구에 맞추어 코칭 접근방식을 조정한다.

8. Helps the client identify factors that influence current and future patterns
   of behavior, thinking or emotion.
   고객의 지금 그리고 앞으로의 행동, 생각, 감정의 패턴에 영향을 미치는 요
   소를 찾도록 돕는다.

9. Invites the client to generate ideas about how they can move forward and

what they are willing or able to do.

고객이 어떻게 하면 나아갈지, 그들이 기꺼이 하고자 하거나 할 수 있는 것
은 무엇인지 떠올릴 수 있도록 요청한다.

10. Supports the client in reframing perspectives. ’

고객이 관점을 전환하도록 돕는다.

11. Shares observations, insights and feelings, without attachment, that
have the potential to create new learning for the client.

고객이 새로운 배움을 얻을 수 있도록 집착을 내려놓은 것, 관찰한 것, 통
찰한 것, 느낀 것을 공유한다.

D. Cultivating Learning and Growth
학습과 성장 촉진

8. Facilitates Client Growth

고객의 성장 촉진하기

Definition: Partners with the client to transform learning and insight
into action. Promotes client autonomy in the coaching process.

정의: 배움과 통찰을 행동으로 실행하게 한다. 고객 스스로 하도록 북돋
는다.

1. Works with the client to integrate new awareness, insight or learning into
their worldview and behaviors.

고객의 새로운 인식, 통찰 또는 배움을 세계관과 행동 양상에 통합시키기 위해 노력한다.

2. Partners with the client to design goals, actions and accountability measures that integrate and expand new learning.
고객과 함께 고객이 배움을 통합하고 확장할 수 있도록 목표와 행동, 책임 관리 방법을 설계한다.

3. Acknowledges and supports client autonomy in the design of goals, actions and methods of accountability.
고객 스스로 목표, 행동, 책임 관리 방법을 설계하도록 수용하고 지원한다.

4. Supports the client in identifying potential results or learning from identified action steps.
고객이 행동을 실천하며 얻을 수 있는 성과와 배움을 찾도록 고객을 지원한다.

5. Invites the client to consider how to move forward, including resources, support and potential barriers.
고객이 가진 자원이나 도움 받을 수 있는 것, 또는 예상되는 장애 요인을 고려하여 어떻게 나아갈 수 있을지 생각하도록 요청한다.

6. Partners with the client to summarize learning and insight within or between sessions.
고객과 함께 고객이 각 세션에서 또는 전체 세션에서 배운 것과 통찰한 것을 요약하게 한다.

마스터코치의 코칭 레시피

7. Celebrates the client's progress and successes.

   고객의 발전과 성공을 축하한다.

8. Partners with the client to close the session.

   고객과 함께 세션을 마무리한다.

마스터코치의 코칭 레시피

초판 1쇄 발행 | 2020년 5월 11일
초판 2쇄 발행 | 2023년 7월 7일

지은이 | 김종명, 최선영
발행인 | 김태진, 승영란
편집주간 | 김태정
마케팅 | 함송이
경영지원 | 이보혜
디자인 | 여상우
출력 | 블루엔
인쇄 | 다라니인쇄
제본 | 경문제책사
펴낸 곳 | 에디터
주소 | 서울특별시 마포구 마포대로14가길 6 정화빌딩 3층
전화 | 02-753-2700, 2778 팩스 | 02-753-2779
출판등록 | 1991년 6월 18일 제313-1991-74호

값 15,000원
ISBN 978-89-6744-219-4 03320